Martina und
Klaus Markovits

Auf WALLFAHRTSWEGEN in Tirol

Band 1: Wanderungen in Innsbruck und Umgebung

Tyrolia-Verlag · Innsbruck-Wien

Die weiteren Bände von
„Auf Wallfahrtswegen in Tirol":
Band 2: Wanderungen im Tiroler Oberland und im Außerfern
Band 3: Wanderungen im Tiroler Unterland
Band 4: Wanderungen in Osttirol

Titelbild: Wallfahrtskirche St. Martin in Gnadenwald
Abbildung S. 1: Auf dem Mieminger Plateau auf dem Weg nach Maria Locherboden. Im Hintergrund die Mieminger Kette.

Mitglied der Verlagsgruppe „engagement"

Die Deutsche Bibliothek – CIP-Einheitsaufnahme
Ein Titelsatz für diese Publikation ist bei
Der Deutschen Bibliothek erhältlich

2000

Umschlaggestaltung: Mag. Elke Staller, Innsbruck
Layout: Stefan Glatzl, Innsbruck
Abbildungen: Martina und Klaus Markovits,
außer Abbildung S. 23 (Foto Holy, Innsbruck)
Panoramakarte: Kartographischer Verlag Walter Mayr, Innsbruck
Lithografie: Laserpoint, Innsbruck
Druck: Alcione, Trento
ISBN 3-7022-2306-1

Vorwort

Viele kleine, familiäre, intime Wallfahrtsorte gibt es neben einigen größeren und bedeutungsvolleren im Lande Tirol. In den meisten Fällen verdanken diese Heiligtümer hoch oben über wilden Schluchten, diese stillen Kirchen und Kapellen an den Berghängen und von weitem sichtbaren Anhöhen ihre Entstehung dem tiefen Dank für Errettung aus akuter Not und Gefahr.

In den vier Bänden „Auf Wallfahrtswegen in Tirol" wandert der Pilger zu den Gnadenorten des Landes und begegnet so dem historisch gewachsenen Reichtum der Wallfahrt. Er wird eingeladen auf seinem Weg durch Lärm und Hektik der Zeit zu Rast und stiller Einkehr. Der Pilger erfährt an diesen Orten der Gnade die nie versiegende göttliche Hilfe. Nicht immer müssen es spektakuläre Wunder sein. Die Hilfe wird erfahrbar im Trost, im Vertrauen auf Wendung zum Besseren, in der Lösung eines Konflikts, in neu erwachsender Kraft zum Weitergehen. Der Prophet Isaias hat die Kraft dieser Brunnen Gottes vorausgesagt: „Auf den Hügeln lasse ich Ströme hervorbrechen und Quellen inmitten der Täler. Und ihr werdet Wasser schöpfen, voll Freude, aus den Quellen des Heils ..."

Den im Heiligen Jahr 2000 zu Jubiläumskirchen ernannten Wallfahrtsorten wird in diesem Werk besondere Beachtung geschenkt. Als Stätten der Erneuerung, Besinnung und Vertiefung des Glaubens im Geiste Jesu Christi können diese Gnadenorte uns allen zum Wegweiser in die Ewigkeit werden, indem sie uns mahnen, auf das Wichtigste nie zu vergessen, so wie es im Alten Testament heißt: „Wenn du dir schöne Häuser gebaut hast, wenn du reich geworden bist an Gold und Silber und sich dein Kleinvieh gemehrt hat – dann sollst du den Herrn, deinen Gott, nicht vergessen ..."

Dr. Alois Kothgasser
Bischof von Innsbruck

Inhalt

Wandern, pilgern, wallfahren

Das Wandern auf einem „stillen Pfad“ hin zu einem „stillen Heiligtum“ ist in Tirol tief verwurzelt. Wegkreuze, Marterln, Kapellenstöcke und vor allem jahrhundertealte Wege legen davon Zeugnis ab.

In den vier Bänden „Auf Wallfahrtswegen in Tirol“ werden Wallfahrtsorte und Pilgerwege beschrieben, Gründungslegenden erzählt sowie geschichtliche und kunsthistorische Zusammenhänge aufgezeigt, doch im Mittelpunkt soll der Wanderer als Suchender stehen.

Wallfahren kommt von „wallen“, was so viel bedeutet wie „umherschweifen, unstet sein“, und von „fahren“, das ursprünglich jede Art von Fortbewegung bezeichnete. In einer etwas freieren Interpretation kann man Wallfahren über das „Sich-auf-einer-Pilgerfahrt-Befinden“ hinaus als ein hoffendes „Sich-auf-der-Suche-Befinden“ verstehen. Jede Wallfahrt setzt sich aus Weg und Ziel zusammen. Die Wege zu einem Ziel sind verschieden – sowohl die äußeren als auch die inneren. Doch eines ist klar: Wir müssen uns für einen Weg entscheiden und diesen gehen. Beim Wandern stellen sich zwei Erfahrungen ein, ein Wandel(n) und ein (sich) Wenden. Abstrakte Begriffe werden mit Leben gefüllt, verinnerlicht und wir erweisen uns als wandlungsfähig.

Die Routen dieses Wanderführers sind so zusammengestellt, dass der Wanderer nicht erschöpft am Ziel ankommt, sondern Kraft zur Kontemplation am Weg und am Ziel hat. Es wurde darauf bedacht, dass die Wege die Vielfalt der Natur erleben lassen, die immer heilende Wirkung auf Leib und Seele hat und uns vielleicht in Staunen versetzt – ein Staunen, das Grundstein für eine Erweiterung unseres Horizonts und unseres Bewusstseins sein kann.

Tirol verfügt über eine Fülle von Wallfahrtskirchen und -kapellen. Dabei haben nur einige wenige wie z. B. Maria Kaltenbrunn, St. Georgenberg oder Mariastein überregionale Bedeutung erlangt. Der größere Teil behielt einen sehr engen lokalen Charakter bei. Beinahe jede Gemeinde Tirols hat ihre eigene kleine Pilgerstätte, und gerade diese

Gnadenorte sind die Perlen unseres Wanderführers, weil sie nicht überlaufen sind, weil sie meist alleine mitten in der Natur stehen, aber auch weil hier nach wie vor der Atem einer tiefen, in ihren Wurzeln vom Bauerntum getragenen Religiosität spürbar ist.
Diese Perlen aufzuspüren und aufzusuchen hat uns in den vergangenen Jahren viel Freude bereitet. Viele Menschen haben unsere Recherchen mit großem Entgegenkommen und Wohlwollen unterstützt. Den Verantwortlichen und Mitarbeitern in den Pfarren und Tourismusverbänden, in den Gemeindeämtern und im Chronikwesen sowie den Messnern und stillen Pflegern der Kirchen und Kapellen sei dafür ausdrücklich gedankt!
Wer Wallfahrtsorte besucht, wird mit Legenden und „Wunder"-Berichten konfrontiert. Für uns ist die Frage nach deren Wahrheitsgehalt oder Authentizität zweitrangig. Weder der persönliche Glaube noch der „Wert" des besuchten Ortes sind davon abhängig. Aber es sollte möglich sein, den Erfahrungsberichten von Menschen, die leidgeprüft diese Orte aufgesucht und hier Erleichterung erfahren haben, mit Respekt zu begegnen und sie auf sich wirken zu lassen. Das kann manchen Wallfahrer auch dazu führen, sein eigenes Leben zu überdenken. Das „Wunder" muss durch die Gnade Gottes in uns und durch uns vollzogen werden, Ort und Weg können dazu nur Hilfe sein.
Oft sind es die kleinen Freuden des Lebens, die nachhaltig in unserem Bewusstsein verbleiben. Der erfrischende Schluck aus der Quelle, das Entzünden einer Kerze, das stille Gebet oder einfach nur die gemeinsame Jause sind schon für manchen Pilger zum unvergesslichen Erlebnis geworden. Wir wünschen allen Wanderern und Pilgern, „sehenden Auges" durch Gottes Natur zu gehen, um daraus Kraft, innere Harmonie und ein gesteigertes Maß an Zufriedenheit und Lebenssinn zu schöpfen.

Martina und Klaus Markovits

Was ist ein Wallfahrtsweg?

Wegart

Nicht bestimmte Weg-Merkmale machen einen Weg zum Wallfahrtsweg, sondern das Ziel und die Tatsache, dass der Weg von Pilgern benutzt wird oder benutzt wurde. So stehen halbstündige „Spaziergänge“ neben ganztägigen Bergtouren, bei denen Jöcher und Grate, Schluchten und Bäche, ja sogar Gletscher überschritten werden.

Historizität

Bei der Auswahl der Wege haben wir uns genau informiert, welche Routen von Pilgergruppen (oft schon seit Jahrhunderten!) begangen werden, und nach Möglichkeit diese authentischen Wallfahrerwege beschrieben. Aber nicht immer sind diese klassischen oder historischen Pilgerwege auch für Einzelpilger oder Wanderer geeignet, da für Bittgänge oft die Straße gewählt wird. Solche Wege haben in unserem Wanderführer keine Aufnahme gefunden, hier haben wir Alternativen gesucht, die ein Wandererlebnis bieten, durch ein schönes Stück Natur führen und somit meditativer sind als die historischen Routen.
Wallfahrtsziele können an Bedeutung gewinnen oder auch verlieren. Doch die Pilgerfrequenz an einer Wallfahrtsstätte war für unsere Auswahl nicht ausschlaggebend. Ehemalige Pilgerrouten stehen neben häufig begangenen, immer jedoch war es uns ein Anliegen, landschaftlich reizvolle Kulturwege für Sie zu entdecken und zu beschreiben.

Rundwanderungen

Viele Wallfahrtsorte können über mehrere Wege erreicht werden. Wo es möglich war, haben wir das ausgenutzt, um Rundwanderwege vorzuschlagen, auch wenn der klassische Pilger in der Regel für den Rückweg denselben Weg wählt wie zum Gnadenort hin.
Öfters haben wir zwei benachbarte Wallfahrtsorte miteinander verbunden. Das ist dort besonders reizvoll, wo der jüngere den älteren sozusagen in den Schatten gestellt hat.

Sonderformen

Mit Wallfahren und Pilgern verbindet man in erster Linie das Gehen, aber es gibt nicht nur das. Auf Hinweise, welche Pilgerziele auf welchen Straßen mit dem Auto erreichbar sind, haben wir verzichtet, einige Sonderformen der Wallfahrt wie z. B. der Antlassritt im Brixental werden aber genannt. Auch neue Formen finden Erwähnung: die Oldtimer- und die Radwallfahrt in die Hinterriss, Skifahrerwallfahrten auf die Hohe Salve, eine Traktorwallfahrt in Oberhofen oder Hochgebirgswallfahrten zu verschiedenen Gnadenstätten.

Jubiläumskirchen

Besondere Beachtung finden die im Zuge der 2000-Jahr-Feiern zu so genannten Jubiläumskirchen ernannten Gotteshäuser. In der Diözese Innsbruck sind dies der Dom zu St. Jakob, die Basilika zu Unserer Lieben Frau in Wilten, die Stiftskirche St. Josef (Servitenkirche) in Innsbruck sowie die Pfarrkirche Hll. Apostel Petrus und Paulus in Götzens, die Wallfahrtskirche Maria Waldrast, die Wallfahrtskirche Maria Locherboden, die Pfarrkirche Unsere Liebe Frau in Kaltenbrunn, die Pfarrkirche Hll. Apostel Petrus und Paulus in Breitenwang, die Pfarrkirche St. Anna in Reutte, die Pfarrkirche Hl. Erzengel Michael in Absam, die Wallfahrtskirche St. Georgenberg, die Pfarrkirche St. Marien in Lienz, die Wallfahrtskirche Obermauern, die Pfarrkirche Hl. Ulrich in Lavant und die Pfarrkirche Mariahilf in Hollbruck. Im Tiroler Teil der Erzdiözese Salzburg wurden die Pfarrkirche Hopfgarten, die Wallfahrtskirchen in Mariastein und am Hilariberg, die Pfarrkirche St. Johann und die Wallfahrtskirche Maria Rast am Hainzenberg zu Jubiläumskirchen erhoben. Diese Gotteshäuser sollen besondere Pilgerstätten der Erneuerung, Besinnung und Vertiefung des Glaubens im Geiste Jesu Christi sein. Neben bewährten Wallfahrtsangeboten steht dem Pilger an einigen dieser Orte ein spezielles Gesprächs- und Beichtangebot zur Verfügung. *(Die Jubiläumskirchen sind im Buch mit dem Symbol der Taube gekennzeichnet.)*

Schwierigkeit

Alle beschriebenen Wege können ohne Spezialausrüstung und vorheriges Training begangen werden. Die allermeisten eignen sich auch für Kinder und Senioren. Um Ihnen die Wahl der Wanderung zu erleichtern, haben wir die Touren nach den Kriterien Wegbeschaffenheit, Höhenmeter und Gehzeit in drei Kategorien eingeteilt, die an der Farbe der Tournummer erkennbar sind:

Blau: Angenehmer Wander- oder Spazierweg mit geringen Steigungen bis maximal zwei Stunden Gehzeit.

Rot: Wanderung auf gut befestigten Wegen oder Steigen mit durchschnittlich drei Stunden Gehzeit. Bergschuhe werden empfohlen.

Schwarz: Bergwanderung auf markierten Wegen. Trittsicherheit und Ausdauer sind erforderlich. Die Wegzeit und die zurückzulegenden Höhenmeter sind beträchtlich. Für Kinder eher nicht geeignet.

Winter

Manche Wallfahrtswege werden von Pilgern – je nach Schneelage – auch im Winter begangen. Die meisten Wege sind allerdings nicht geräumt, sodass der Pilger Steigspuren im Schnee oder vereiste Wegabschnitte antrifft. Einige Wallfahrtskapellen sind im Winter geschlossen. Wir raten, die Wegverhältnisse und mögliche Lawinengefahren vorher über die jeweiligen Tourismusverbände abzuklären. „Schwarze Touren“ sind im Winter grundsätzlich nicht begehbar.

Gehzeit

Bei Rundwanderungen bezieht sich die angegebene Gehzeit auf die gesamte Strecke. Muss man auf demselben Weg zurückgehen, so ist nur die Gehzeit für den Hinweg angegeben.

Die Wallfahrt in Tirol

Geschichtliche Entwicklung

Das christliche Wallfahrtswesen nimmt seinen Beginn bei den heiligen Stätten in Palästina. Auf diese „Urwallfahrtsorte" folgen die Gräber der Apostel Petrus und Paulus in Rom und die Grabstätte des Apostels Jakobus des Älteren in Santiago de Compostela, die zu Kristallisationspunkten des Glaubens werden. Der Beginn des Wallfahrtswesens in Tirol fällt, abgesehen von wenigen Ausnahmen wie St. Georgenberg, in das Hoch- und Spätmittelalter. Inspiriert von den Kreuzzügen und der Spiritualität des Bernhard von Clairvaux entstehen seit dem 12. Jahrhundert marianische Gnadenstätten (Wilten, Serfaus, Maria Kaltenbrunn) oder Wallfahrtsorte, in denen Christus in direkter oder indirekter Weise Gegenstand der Verehrung war („Unser Herr im Elend" in Matrei am Brenner). Parallel dazu entstehen Wallfahrten zu „ortsansässigen" Heiligen, etwa zur Pfarrkirche in Eben, wo die heilige Notburga (gestorben 1313) begraben ist, oder zu bedeutenden Reliquien, wie jener des hl. Johannes des Täufers in Stams.

Auf die erste Blüte des Wallfahrtswesens im ausgehenden Mittelalter folgt das „Wellental" der Reformation. Im 16. Jahrhundert tritt ein Prozess der Stagnation, ja manchmal sogar ein Rückgang ein, der bis hin zum Erliegen einer Pilgerstätte führen konnte. So geschehen z. B. in Maria Kaltenbrunn, wo in den Visitationsprotokollen für die Zeit von 1570 bis 1577 von keiner Wallfahrt die Rede ist.

Seine zweite Blüte erlebte das Wallfahrtswesen in Tirol im Zuge der Gegenreformation im 17. und 18. Jahrhundert. Einerseits verbreiten Pestepidemien und Kriege Angst und Unsicherheit, andererseits wurden als Ausdruck der „demonstratio catholica" wunderschöne Barockkirchen und -kapellen errichtet. Dass Tirol von den Wirren des Dreißigjährigen Krieges relativ verschont geblieben war, schrieb man der Hilfe der Gottesmutter zu, insbesondere jener Muttergottes mit Kind von Lukas Cranach, die in Innsbruck verehrt wurde und als Mariahilf-Bild bald auch in anderen Kirchen und Kapellen Tirols Pilger anzog (siehe „Kultobjekte“). Eigene Wallfahrerpredigten, pompöse Prozessionen und die in großen Mengen vertriebenen Andachtsbilder trugen zur Bekanntheit der Pilgerstätten bei. Im nachfolgenden Zeitalter der Aufklärung vertrat die Obrigkeit die Ansicht, dass die „Auswüchse des Wallfahrtswesens“ eingeschränkt werden müssten. Per Dekret wurden einige Wallfahrtsstätten geschlossen, 1785 z. B. Maria Waldrast. Nationalistische Strömungen, die katholische Restauration und der Tourismus führten noch einmal zu einer Trendumkehr, sodass wir sogar von einer dritten Blüte des Wallfahrtswesens im 19. und 20. Jahrhundert sprechen können. Rein religiöse Motive traten etwas in den Hintergrund, aber krisenhafte Zeiten wie die beiden Weltkriege, in denen sich die Menschen in ihrem Bangen und Hoffen wieder vermehrt dem Religiösen zuwandten, machten das Wallfahren wieder aktuell. Noch jüngeren Datums sind die bereits genannten neuen Arten der Wallfahrt etwa mit dem Rad, die ganz offensichtlich Naturerleben, Sport und Freizeitgestaltung mit dem Religiösen verbinden.

Grenzüberschreitende Pilgerfahrten

Wallfahrten kennen keine Grenzen, und gerade im Passland Tirol war stets ein intensiver Austausch von Pilgerströmen zu verzeichnen. Die Wallfahrtswege der Tiroler führen über die Landesgrenzen hinaus, und umgekehrt suchen Pilger aus allen umliegenden Regionen Gnadenstätten in Tirol auf. Denkt man an die weiten Wegstrecken, so kann man mit Hans Hochenegg im Wallfahrtswesen auch den Vorläufer des modernen Tourismus erblicken. Den tirolischen Heiligtümern, so Hochenegg, hätte ein Fremdenverkehr gegolten, „der bis tief in das Innere des Landes führte und einen Umfang erreicht haben muss, der hinter dem Touristenstrome der Neuzeit gar nicht allzu weit zurückgeblieben sein dürfte“. Eine Strahlkraft über die Landesgrenzen hinaus besaßen vor allem Maria Kaltenbrunn, Maria Waldrast, St. Georgen-

berg, Mariastein und Obermauern. Auskunft darüber geben Mirakelbücher und Votivtafeln.
Aber auch die Tiroler Pilger suchten ausländische Gnadenorte auf, vor allem Maria Einsiedeln in der Schweiz und Altötting in Bayern. Weiters wurden Pilgerfahrten zu Wallfahrtsorten durchgeführt, die in relativer Nähe zur Tiroler Landesgrenze liegen, zum Beispiel Maria Trens bei Sterzing in Südtirol, Ettal und Andechs im Bayerischen, Maria Alm und Kirchental im Salzburgischen oder Maria Luggau im Kärntner Lesachtal.

Gründungslegenden

Vorweg sei betont, dass es nur bedingt Sinn macht, Legenden auf ihre Geschichtlichkeit hin zu zerpflücken. Eher sollte man mit einer gewissen Sensibilität an das Rankenwerk der Legende herangehen und danach trachten, das Eigentliche, die übertragene Botschaft herauszuhören. Dann kann eine Legende sehr wohl dazu beitragen, Geschichte und Wesen einer Wallfahrt zu verstehen.
Die meisten Wallfahrtslegenden betreffen den Ursprung einer Gnadenstätte. Vergleicht man diese Legenden miteinander, so lässt sich ein bestimmtes Grundmuster feststellen. Zum einen spielen die Natur und die Topografie des Wallfahrtsortes eine entscheidende Rolle, oft erklären Legenden einfach den Namen eines Gnadenortes. Zum anderen wird deutlich, dass die Menschen oft sehr schnell hinter allem Außergewöhnlichen wie speziellen Steinformen, hervorstechenden Bäumen oder dem ungewöhnlichen Verhalten von Tieren Zeichen des Göttlichen erblickten.
Ein häufiger Legendentyp ist die Mahnung zu einem Kirchenbau. Beispiele hierfür sind Gries im Sulztal, Heiligwasser oder Maria Waldrast. Auch eine Reihe von Gelöbnisbauten finden wir in unserem Bundesland. Die Gelöbnisse bringen immer die Dankbarkeit für die Errettung aus einer schwierigen Situation zum Ausdruck. Ein anderes Motiv für den Bau einer Kirche ist das der Sühne. In diese Kategorie fallen zum Beispiel Maria Kaltenbrunn oder

St. Magdalena im Gschnitztal. Das Motiv der „weisenden Tiere", durch welche sich die göttliche Macht offenbart und einen ganz bestimmten Ort für eine besondere Verehrung auswählt, spielt bei der Gründung von St. Georgenberg eine Rolle, aber auch in Eben, Pinswang oder Maria Rast am Hainzenberg.
Häufig ist ein Baumheiligtum der Kern einer Wallfahrt, wobei wir zwischen Bäumen unterscheiden müssen, die als solche verehrt wurden (etwa der bis 1855 stehende „Heilige Baum" in Nauders), und Bäumen, denen auf Grund ihrer Verbindung zu einem Gnadenbild wundersame Kräfte zugeschrieben wurden. Eine Reihe von Wallfahrtsstätten, wie zum Beispiel die Kapelle in Sinnesbrunn oder Maria Larch in Terfens, stehen mit einem solchen Baumheiligtum in Verbindung. Quellen oder Brunnen spielen für das Entstehen von Wallfahrtsstätten ebenfalls eine tragende Rolle; als Beispiele hierfür seien Mariä Reinigung am Hartberg und Maria Waldrast erwähnt. Relativ selten bezieht sich in Tirol eine Gründungslegende auf einen Steinkult, wiewohl die Wallfahrtsorte in Maria Klobenstein und Maria Stampfanger bei Söll diesem Typus zugeordnet werden können. Ein direktes Eingreifen des Göttlichen wird in den so genannten „Anschwemmungslegenden" (Matrei am Brenner) oder in „Traumweisungen" (Gries im Sulztal) ausgemacht.

Kultobjekte

Reliquien oder Gemälde bzw. Skulpturen stehen bei Wallfahrtsorten im Zentrum der Verehrung, selbst dort, wo die Entstehung der Wallfahrt nicht auf diese zurückgeht. Man unterscheidet Christus-, Marien- und Heiligenwallfahrten.

1. Christus

Neben Abbildungen Christi, im Besonderen Kruzifixe wie im Seekirchlein bei Seefeld oder die Ecce-Homo-Statue in Matrei am Brenner, zählen Kultobjekte zu dieser Gruppe, die im eucharistischen Glauben ihren Ursprung haben. In

St. Georgenberg, Seefeld und früher auch in Stams werden Heilig-Blut-Reliquien verehrt, die nicht auf den historischen Jesus, sondern auf Wandlungswunder bei heiligen Messen zurückgehen.

2. Maria, die Gottesmutter

Der überwiegende Teil der Tiroler Wallfahrtsorte besitzt ein Marienbild oder eine Marienstatue als Kultgegenstand. Dabei spielt das Mariahilf-Bild eine herausragende Rolle. Das Originalbild, um 1530 von Lukas Cranach dem Älteren gemalt, gelangte als persönliches Geschenk des sächsischen Kurfürsten Johann Georg I. in den Besitz Erzherzog Leopolds V. von Österreich, der damals das Amt des Fürstbischofs von Passau ausübte. Als Leopold 1619 die Herrschaft in Tirol antrat, nahm er das Bild mit und ließ es in der Kapelle der Hofburg aufstellen. 1650 wurde es „auf Drängen des Volkes“ in die Innsbrucker Pfarrkirche St. Jakob, den heutigen Dom der Diözese Innsbruck, übertragen. Kopien dieses Bildes wurden in großer Zahl angefertigt und finden sich im gesamten Bundesland. Eine nennenswerte Zahl dieser Kopien erfuhr im Laufe der Zeit eine Verehrung durch Wallfahrer, so in Birkenberg, Hollbruck, Schmirn (Kalte Herberge), Gries im Sulztal, auf der Kronburg, in Strengen oder in Kleinholz bei Kufstein.
Doch das Mariahilf-Bild ist nicht das einzige berühmte Marienbild, das im Zuge der Gegenreformation weit verbreitet wurde. Auch Nachbildungen des Maria-Schnee-Bildes von Santa Maria Maggiore in Rom werden in Tirol verehrt, unter anderem in Umhausen, Bschlabs und Gunglgrün bei Imst. Die Verehrung des Bildes „Maria vom Guten Rat“ ist auf das Original in San Genazzo bei Rom zurückzuführen. Dieses Bild erfuhr seine spezielle Verbreitung vor allem durch den Augustinerorden und ist in Tirol u. a. in Hinterhornbach und Stams Ziel von Pilgern. Älter als diese Marienbild-Kopien sind einige stehende oder sitzende Marienstatuen, die zumeist das Jesuskind in den Armen halten, wie die Marienfigur in Serfaus und „Maria unter den vier Säulen“ in Wilten.

Verbreitet sind auch Maria-Loret(t)o-Wallfahrten, die auf das mittelitalienische Loreto Bezug nehmen. Kennzeichen dieses Typus ist die „schwarze“ Madonna. Heute finden wir in Maria Klobenstein bei Kössen und in Maria Luggau größere Wallfahrtsorte mit „schwarzen“ Madonnen.
Die Darstellung Mariens mit – zumeist von sieben Schwertern – durchbohrtem Herzen können wir sehr schön am Kalvarienberg zu Moritzen in Telfs sehen. In Tirol gibt es zahlreiche Wallfahrtsorte zur Schmerzensmuttergottes („mater dolorosa“), wie zum Beispiel in Mentlberg bei Innsbruck, in Volders oder auch in St. Quirin im Sellraintal.

3. Heilige

Wie die Wallfahrt nach St. Georgen ob Tösens zeigt, übten Heiligenreliquien im Mittelalter eine große Anziehungskraft aus. Doch spätestens seit dem Beginn der Gegenreformation blieben die Wallfahrten zu Heiligen in ihrer Größe, Ausstattung und Bedeutung hinter den marianischen Gnadenorten zurück. Es waren oft nur noch ganz spezielle Gebetsanliegen, mit denen die Menschen sich an Heilige wandten. Im Bauernland Tirol ist es nicht verwunderlich, dass der heilige Leonhard als Viehpatron unangefochtener Spitzenreiter in der Heiligenverehrung ist (siehe St. Leonhard bei Kundl). In Rietz, Pians und Anras sowie am Harlaßanger wird der heilige Antonius von Padua verehrt, auch dem heiligen Blasius ist am Blasienberg bei Völs eine eigene Pilgerstätte gewidmet.
Eine besondere Verehrung wird den Heiligen zuteil, die aus Tirol stammen. So entwickelte sich die Grabeskirche der hl. Notburga in Eben am Achensee rasch zu einer Wallfahrtsstätte. Die Verehrung für den 1975 selig gesprochenen Pater Josef Freinademetz ließ nicht nur sein Heimathaus im Südtiroler Gadertal zu einer viel besuchten Wallfahrtsstätte werden, auch eine kleine Kapelle in Oberhofen im Inntal, die dem Seligen geweiht ist, erfreut sich zumindest örtlich großer Beliebtheit. Zur Pfarrkirche in Götzens, wo die sterblichen Überreste des erst 1996 selig

gesprochenen Pfarrers Otto Neururer verwahrt sind, haben sich bereits regelrechte Wallfahrten entwickelt, ebenso zur Kaplaneikirche Maria Schnee in Piller, seiner Heimat.

Wallfahrtsziele oder Kultobjekte können im Laufe der Zeit auch wechseln. So wurde in Stams der Heilig-Blut-Kult durch die Verehrung des Bildes „Maria vom Guten Rat“ abgelöst; in der Thierbergkapelle bei Kufstein ersetzte die Madonna von Montserrat Johannes den Täufer und in St. Ulrich am Pillersee wurde die Wallfahrt zum hl. Adolar in eine marianische Gnadenstätte umgewandelt.

Kalvarienberge

Locus Calvariae (Schädelstätte) ist die lateinische Übersetzung von Golgotha. Gemeint ist damit die Hinrichtungsstätte der Stadt Jerusalem, vor allem natürlich der durch die Kreuzigung Christi berühmte Hügel vor den Mauern der Stadt. Diese Ur-Pilgerstätte des Christentums zu besuchen war den Gläubigen viele Jahrhunderte lang unmöglich. So entstand der Wunsch nach einem Ersatz vor Ort, wo man der Leiden des Herrn gedenken und seine Gnadenerweise erfahren konnte, und man begann im Mittelalter eine Wallfahrt in das Heilige Land nachzuahmen, indem man die Kreuzwegstationen nachging. Ursprünglich bestand ein Kreuzweg aus sieben Stationen (entsprechend den sieben Fußfällen während des Leidensweges), erst später wurden Kreuzwege auf 14 Stationen ausgeweitet. Der Kalvarienberg entwickelte diese Andachtsform weiter.
Der erste Kalvarienberg in Europa – also eine ausgeprägte landschaftliche und architektonische Anlage, die Kreuzweg und Kreuzigung Christi veranschaulicht – entstand zu Ende des 15. Jahrhunderts im piemontesischen Varallo. Es waren dann vor allem die Jesuiten, die im Zuge der Gegenreformation das Entstehen von Kalvarienbergen förderten. In Tirol entstanden Kalvarienberge unter anderem in Achenkirch (mit heiliger Stiege), Arzl, Erl, Flaurling, Imst, Ötz, Rietz, Steinach, Telfs-St. Moritzen, Thaur und Zirl.

Wallfahrten und Pilgerwege in Innsbruck und Umgebung

Es mag verwundern, aber auch in Sachen Wallfahrt ist die Landeshauptstadt Innsbruck das Zentrum Tirols. Das Höttinger Bild, Heiligwasser, Mentlberg, Götzens, Absam oder der Arzler Kalvarienberg liegen allesamt im unmittelbaren Einzugsbereich der Stadt. Aber auch Innsbruck selbst ist seit Jahrhunderten Pilgerziel. Im Hochmittelalter war die Stadtpfarrkirche St. Jakob Kreuzungspunkt und Station auf dem Jakobsweg, dem Pilgerweg nach Santiago de Compostela. Im Spätmittelalter nahmen viele Tiroler Zuflucht zu „Unserer Lieben Frau unter den vier Säulen“ in der Wiltener Basilika, ehe im 17. Jahrhundert wiederum die Stadtpfarrkirche, der heutige Dom, erstes Pilgerziel in Innsbruck wurde: Hier wird seit 1650 das Mariahilf-Bild des Lukas Cranach verehrt, das zentrale Bild der Tiroler Marienfrömmigkeit.

Viele Wallfahrerwege im Großraum Innsbruck folgen den historischen Verkehrsrouten entlang des Inn- und Wipptales sowie über den Seefelder Sattel. Der Kontrast zwischen belebten Verkehrsrouten und der Stille nur wenig abseits gelegener Wallfahrtsstätten kann den Pilger immer wieder in Staunen versetzen: Der herbe, anheimelnde Charme der Wallfahrt zur „Kalten Herberge“ in Schmirn inmitten einer herrlichen Gebirgslandschaft bildet einen gewaltigen Gegensatz zur nahen Brenner-Autobahn. Ungebändigter Natur begegnen wir auch bei einer Wanderung entlang dem Neustifter Besinnungsweg im Pinnistal oder nach St. Magdalena im Gschnitztal. Doch selbst wer auf der Autobahn Tirol von Westen nach Osten oder von Süden nach Norden durchquert, kann, ohne die Autobahn zu verlassen, einen malerischen Ort der Stille besuchen: die Karlskirche.

*Die **Wallfahrtskirche zum hl. Karl Borromäus** in Volders wurde in der Mitte des 17. Jahrhunderts vom Haller Arzt und Gelehrten Hippolyt Guarinoni errichtet. Hier führte damals eine Brücke über den Inn, und so wurden alle mit der Karls-*

Die Karlskirche in Volders an der Autobahn.

kirche in Verbindung stehenden Begriffe mit dem Zusatz „Brugg'n" versehen, so auch die schöne Schmerzensmutter von Andreas Thamasch, welche sich auf dem Altar der linken Seitenkapelle befindet. Als „Brugg'n Mutter" erfuhr sie die Verehrung der Bevölkerung und der Durchreisenden.
Durch ihre manieristische Architektur und die Deckenfresken von Martin Knoller ist die Karlskirche auch für Kunstinteressierte mehr als eine Rast wert.

Besondere Wallfahrtstage: Schmerzensfreitag (der Freitag vor dem Karfreitag). – Schmerzenssonntag (Sonntag nach dem 15. September – Fest der sieben Schmerzen Mariens).
Regelmäßige Gottesdienste: Sonn- und Feiertage: 8.00 und 10.30 Uhr, an Werktagen von Di bis Sa um 7.15 Uhr.
Kontaktadresse: Servitenkloster Volders, 05223/46084

In der Mehrzahl der Gnadenstätten in und um Innsbruck wird die Muttergottes verehrt, wir finden aber auch zahlreiche Christus-Wallfahrten, z. B. in Seefeld oder in Matrei am Brenner, oder Wallfahrten zu Heiligen, so zur hl. Magdalena in Gschnitz oder zum hl. Martin in Gnadenwald. In Götzens besuchen wir die jüngste Wallfahrtsstätte in unserem Bundesland: die Grabstätte des seligen Otto Neururer. Wie in keinem anderen Teilgebiet Tirols ist man im Umfeld von Innsbruck bemüht, alte Wege und Wallfahrtsstätten wieder zu beleben. Die Beispielsliste führt von renovierten Kalvarienbergen (Arzl, Völs, Zirl, Flaurling) bis zur Wallfahrtskiche „Maria auf der Gallwies“ am Mentlberg. Als neuer Ausdruck des Innehaltens und der Besinnung gilt die Friedensglocke des Alpenraumes in Mösern, die in unserem Buch auf einem Wanderweg mit der „klassischen“ Gnadenstätte zu Mariahilf in Birkenberg verbunden wird.

Viele Menschen besuchen die Gnadenstätten im Umfeld der Landeshauptstadt: Auch an kalten Wintertagen erlöschen die Kerzen vor dem Höttinger Bild nie und die Gebetsanliegen aller Bevölkerungsschichten und Altersgruppen füllen mancherorts ganze Bücher. Das stille Wandern in der Natur, das Innehalten am Berg, das Gemeinschaftserlebnis beim sonntäglichen Familienausflug oder bei der Gruppenwallfahrt motiviert gerade in der Moderne so manchen Pilger. Eine neue Blüte des Wallfahrtswesens wird deutlich, wenn Pfarrgemeinden alte, fast schon in Vergessenheit geratene Fußwallfahrten wieder neu beleben oder wenn Bergradler alljährlich zur Wallfahrt samt Radsegnung durchs Karwendeltal in die Hinterriss „strampeln“. Neue Gnadenstätten erfreuen sich regen Pilgerzustroms und manche alte Wallfahrt erwacht aus ihrem Dornröschenschlaf. In Telfs erfolgt im Jahr 2000 die Grundsteinlegung zu einer Heilig-Geist-Wallfahrt. Ein alter Wallfahrerweg der Telfer wird dann als bislang längster Besinnungsweg Tirols in neuem Glanz erstrahlen.

Auch der Jakobsweg durch Tirol wurde neu erschlossen und wird selbst von den Werbestrategen des Tourismuslandes Tirol beworben. Im Jahr 2000 jährt sich zum 350. Male die Übertragung des Mariahilf-Bildes in den Innsbrucker Dom. Dieses Jubiläum wird mit einer Reihe von Dekanatswallfahrten, einer Festwoche und einem internationalen Wallfahrtstag begangen – Ereignisse, welche die zentrale Rolle Innsbrucks für Wallfahrer und Pilger in Tirol unterstreichen.

Rundwanderung Innsbruck – Höttinger Bild (1)

Gemalt zu einer Zeit, als die Konfrontation zwischen Protestanten und Katholiken ihren Anfang nahm, und daher verbannt in die kurfürstliche Gemäldesammlung Sachsens, kam es als Geschenk nach Tirol. Von hier aus trat das Mariahilf-Bild von Lukas Cranach seinen Siegeszug durch den deutschsprachigen Alpenraum an und schmückt so manche Tiroler Wallfahrtskirche.

Tourencharakter: Die Höhenstufe auf die Hungerburg überwinden wir mit der Standseilbahn. Von dort auf breiten Forstwegen der Hangterrasse entlang über Maria im Walde und Gramart. Vom Planötzenhof auf asphaltierten Wegen bergab.
Gehzeit: 3–3½ Std.
Höhenunterschied: 365 m
Beste Jahreszeit: Frühjahr bis Spätherbst; das Höttinger Bild wird auch im Winter gerne besucht, Weg vom Planötzenhof aus. Von Gramart aus Lawinengefahr!
Ausgangspunkt: Innsbrucker Dom
Variante: Vom Dom über Hötting direkt zum Höttinger Bild
Einkehr unterwegs: Mehrere Möglichkeiten auf der Hungerburg, GH Gramarthof, GH Planötzenhof, mehrere Möglichkeiten in Hötting und in der Altstadt
Auskunft: Tourismusverband Innsbruck, 0512/59850
Karten: Österr. Karte Nr. 118 „Innsbruck“, 1 : 50.000 oder Kompaß Wanderkarte Nr. 36 „Innsbruck – Brenner“, 1 : 50.000

Die ***Dom- und Propsteikirche St. Jakob in Innsbruck*** *ist wegen ihres Gnadenbildes „Mariahilf“ am Hochaltar eine bedeutende Wallfahrtsstätte. Dieses Bild, um 1537 von Lukas Cranach d. Ä. gemalt, fand von der Dresdner Heiligkreuzkirche über die kurfürstliche Gemäldesammlung Sachsens seinen Weg zunächst nach Passau, als es Erzherzog Leopold V., Bischof von Passau, vom sächsischen Herzog Georg I. zum Geschenk gemacht wurde. Wenige Jahre später trat Leopold die Regentschaft in Tirol an und brachte das Bild mit nach Innsbruck. Während des 30-jährigen Krieges wurde es bei Marienandachten zur öffentlichen Verehrung ausgesetzt. Auf Grund mannigfacher Bitten fand das Gnadenbild 1650 seine dauernde Bleibe im Innsbrucker Dom.*

Die Innsbrucker Altstadt mit dem Dom zu St. Jakob.

Im Namen „Dom zu St. Jakob" wird eine zweite Wallfahrer-Dimension angesprochen, die weiter zurückreicht. Die dem Pilgerpatron Jakobus geweihte Pfarrkirche war Station auf den großen Fernwallfahrten: nach Süden pilgerte der Mensch des Mittelalters zu den heiligen Stätten in Rom, Richtung Westen nach Maria Einsiedeln und Santiago de Compostela. Nachdem der mittelalterliche Kirchenbau schwere Erdbebenschäden erlitten hatte, wurde der Füssener Baumeister Johann Georg Fischer 1717 mit dem Neubau im barocken Stil betraut. Die monumentale eingeschwungene Fassade wird von zwei vorspringenden Türmen beherrscht und vom Reiterstandbild des Kirchenpatrons gekrönt. Im Innenraum besticht der langgestreckte Chor unter der hohen Kuppel mit dem durch das einströmende Licht wirkungsvoll zur Geltung gebrachten Hochaltar. Die Deckenfresken, ein Zyklus zum Thema „hl. Jakobus", malte Cosmas Damian Asam 1722–24.

Von der Innsbrucker Altstadt wandern wir über die Promenade am Rennweg zur Talstation der Hungerburgbahn.

Mariahilf-Bild: Das Original des berühmten Mariahilf-Bildes von Lukas Cranach hängt im Innsbrucker Dom.

Besondere Wallfahrts- und Festtage: Fronleichnam mit Eucharistiefeier um 8.00 Uhr und Landesprozession durch die Innenstadt. – Säkulumssonntag (der 1. So im Juli) anlässlich der Übertragung des Gnadenbildes 1650 mit vorausgehender Novene, Patrozinium (25. Juli) und Jahrtag der Domkirchweihe (9. Sept.) jeweils mit feierlicher Messe um 9.30 Uhr (wochentags) und 10.00 Uhr (sonntags).
Regelmäßige Gottesdienste: Mo – Sa 8.00 und 9.30 Uhr; So 9.00, 10.00 (feierliches Hochamt) und 11.30 Uhr.
Führungen: Montag bis Samstag 11.00 Uhr.
Kontaktadresse: Domcustos Franz Lair, 0512/583902

Im Abstand von 15 Minuten haben wir Gelegenheit, mit der Bahn die rund 300 Höhenmeter zur Mittelgebirgsterrasse der Hungerburg zu überwinden. Nach dem Verlassen der Bergstation gehen wir Richtung **Theresienkirche** (siehe Tour 2) und pilgern entlang der Gramartstraße in westlicher Richtung durch Siedlungsgebiet, bis wir bei einer beschilderten Kreuzung in den Umbrückler Almweg einbiegen. Auf diesem Forstweg, der anfänglich noch kurz asphaltiert ist, gewinnen wir relativ rasch an Höhe. Wir stoßen auf den Katzenbründlweg und begeben uns auf dem Maria-im-Walde-Weg nach rechts. Rund 100 Meter von der Kreuzung entfernt entdecken wir eine ausladende Fichte, an der viele Votivtafeln angebracht sind. Es ist die Andachtsstätte **Maria im Walde**, wo wir die erste Rast halten. Der 200 Jahre alte Baum barst am Karfreitag 1997 durch Schneelast und Sturm – die Votivtafeln blieben aber unversehrt.

Maria im Walde: Der Fassmaler und Vergolder Otto Platter und dessen Gattin brachten vor 80 Jahren die erste Tafel zu Ehren der hl. Maria an diesem Baum an, daraufhin entwickelte sich der Ort zur Andachtsstätte.

Wir setzen unsere Wanderung auf dem Katzenbründlweg Richtung Westen fort. Vorerst noch flach dem Hang entlang, gewinnt der breite Forstweg in zunehmendem Maße an Neigung und mündet in die Gramartstraße ein. Bemerkenswert sind die Ausblicke Richtung Wolfendorn, Wipptal, Serles, die östlichen Mittelgebirgsterrassen und Heiligwasser. Vorbei am Gasthof Gramarthof, biegen wir gemäß Wegweiser nach rechts zum Höttinger Bild ab. Der Forstweg führt uns zu Beginn kurz bergauf, um dann in Folge mehr oder minder eben zu verlaufen. Unterbrochen wird der bequeme und dicht bewachsene Waldweg lediglich vom Höttinger Graben, den wir zu überqueren haben. Der Steig schlängelt sich nun leicht

berganführend dahin und mündet in die von unten kommende geschotterte Fahrstraße, welcher wir für wenige Meter bis zum Platz vor dem Höttinger Bild folgen.

Vor allem Studenten pilgern zum Höttinger Bild und tragen ihre Gebetsanliegen in das Wallfahrerbuch ein.

Die Wallfahrtskapelle Mariä Heimsuchung, besser bekannt als ***Wallfahrt zum „Höttinger Bild“****, aus der zweiten Hälfte des 18. Jahrhunderts liegt am Kreuzungspunkt mehrerer Wanderwege mitten im Wald. Der Legende nach wurde im ausgehenden 17. Jahrhundert von einem Studenten ein Marienbild auf den Höttinger Berg gebracht. Vor diesem bat er die Muttergottes um Hilfe bei seinen Studien. Sein Bitten wurde erhört, und in der Folge zogen immer mehr Studenten mit ähnlichen Anliegen zu diesem Bild. Der Gegenstand der Verehrung, das Muttergottes-Bild, welches sich heute am Hochaltar befindet, erhielt bald den Namen „Maria, der Studenten Zuflucht“. Der Barockaltar aus dem Jahre 1794, das Deckenfresko und der zarte Rokokostuck dominieren das Innere der Kirche.*

Organisierte Wallfahrten: Von Mai bis Sept. jeden 1. Sa im Monat von der Pfarre Allerheiligen aus. – Nachtwallfahrt am

30. April vom Planötzenhof aus. – Bäckerwallfahrt am 26. Okt.
Besondere Wallfahrtstage: Höttinger-Bild-Woche um den 2. Juli mit täglicher hl. Messe und Rosenkranz.
Regelmäßige Gottesdienste: Von Mai bis Sept. Sa 6.00 Uhr. – Mitternachtsmette am 24. Dez. um 22.00 Uhr.
Kontaktadresse: Pfarramt Hötting, 0512/281711

Parallel zum Hang setzen wir unsere Wanderung auf einem bequemen Waldsteig fort, der uns vorbei an der elften Kreuzwegstation Richtung „Planötzenhof" führt. Wir verlieren bald an Höhe und wandern auf dem Forstweg bergab, wobei wir zwischen der achten und siebten Station auf den nach rechts abzweigenden Stangensteig nach Kranebitten verwiesen werden. Wir behalten die Richtung bei und wandern auf dem breit angelegten Bildstöcklweg über Kehren weiter. Nach rund 20 Minuten Gehzeit gelangen wir zum Parkplatz vor dem Planötzenhof. Nachdem wir die zum Planötzenhof führende Zubringerstraße überquert haben, biegen wir gemäß Wegweiser nach links unten Richtung Hötting ein und folgen dem zuerst geschotterten Fahrweg, der bald in ein asphaltiertes Sträßchen übergeht. Vorbei an einem Wegkreuz mit Bank führt uns die für den öffentlichen Verkehr gesperrte Straße in steilen Serpentinen nach unten zur Schießstandgasse. Über die Dorfgasse gehen wir der ohnehin von weitem sichtbaren Höttinger Pfarrkirche entgegen, folgen anschließend der Höttinger Gasse bis zum Inn, überqueren diesen auf der Innbrücke und wandern zurück in die Altstadt.

Zum Abschluss der Wallfahrt bietet sich der Besuch der Innsbrucker **Servitenkirche St. Josef** an, die im Zuge der 2000-Jahr-Feiern zur Jubiläumskirche ernannt wurde. Von der Innsbrucker Altstadt gehen wir in südlicher Richtung vorbei an der Anna-Säule und dem Alten Landhaus zur Servitenkirche am Ausgang der Maria-Theresien-Straße.

Das Servitenkloster gilt von alters her als ein bedeutendes geistliches Zentrum Tirols. Zu Beginn des 17. Jh. von Erzherzogin Anna Katharina Gonzaga gegründet, entwickelte es sich schon bald zum Mutterkloster der so genannten „Deutschen Observanz der Serviten", zu der 30 Klöster im gesamten deutschsprachigen Raum zählten. Die Klosterkirche wurde 1621–26 von Johann Hoffingott erbaut, nachdem die Vorgängerkirche durch Brand zerstört worden war. In zahlreichen An- und Umbauphasen entstand um die Kirche eine mächtige Klosteranlage, die zum Teil bis zur Maximilianstraße und über die heutige Fallmerayerstraße hinaus reichte. Während des Zweiten Weltkrieges erlitten Kloster und Kirche schwere Zerstörungen.

Die betont schlichte Straßenfassade des Klosters mit den Geschäftsauslagen im Erdgeschoss prägt das Straßenbild. Auch die Kirche ist in die Straßenfront integriert und fällt durch den Turm mit Zwiebelhaube und den Erkervorbau der Kapelle zur Schmerzensmutter mit den Fresken von Hans Andre (1953) auf. Über eine Vorhalle gelangen wir in den dreijochigen Saalraum mit seiner klaren Gliederung. Zwei symmetrisch angeordnete Seitenkapellen, die Kapelle der Schmerzhaften Muttergottes links und die Annunziatakapelle rechts, untergliedern die beiden Längsfronten. Zwei Seitenaltäre flankieren den Hochaltar. Das Altarblatt am Hochaltar (1628) ist das Hauptwerk des Innsbrucker Hofmalers Martin Theophil Pollack und stellt die Vermählung Mariens dar. Die Fresken schuf Hans Andre (1946–47), beeindruckend die Verherrlichung des hl. Josef als Landes- und Servitenpatron im Chor.

Die Peregrini-Kapelle mit der Statue des Heiligen von Hans Andre ist über die Vorhalle erreichbar. Der hl. Peregrin ist Patron aller Krebskranken und wird hier sowie in anderen Servitenklöstern sehr verehrt.

Besondere Festtage: Patrozinium St. Josef (19. März); Fest der „Sieben Heiligen Väter" (17. Feb.); Fest „Josef der Arbeiter" und des hl. Peregrin (1. Mai); Fest der „Sieben Schmerzen Mariens" (15. Sept.).
Regelmäßige Gottesdienste: So 6.30, 9.00, 10.30 und 17.30 Uhr; wochentags 6.30, 10.30 und 17.30 Uhr.
Kontaktadresse: Servitenkloster Innsbruck, 0512/588883

Auf dem Adolf-Pichler-Weg

2 *Hungerburg – Romedius-Kirchlein – Absam*

„Ex Voto – Aus Dankbarkeit", lesen wir auf vielen Bildtafeln. Sie geben Auskunft über Schicksalsschläge, die Menschen erlitten haben, und über Rettung durch die Fürsprache Mariens. Alte Votivbilder sind oft auf Holztafeln gemalt, in der Theresienkirche auf der Hungerburg sehen wir diese Votivtafeln hingegen als schlichte Keramikplatten und in einer Kapelle nächst der Wallfahrtskirche in Absam als Ölbilder. Ein knapp nach der Jahrhundertwende angelegter Wanderweg, als Rosnerweg am Anfang und als Adolf-Pichler-Weg im zweiten Abschnitt bezeichnet, verbindet die Wallfahrtsstätte auf der Hungerburg mit der von Absam.

Tourencharakter: Unschwierige Wanderung auf angenehmen Wegen, die sich ohne nennenswerte Höhendifferenz über die kleinen Mittelgebirgsterrassen nach Osten hinziehen.
Gehzeit: 3–4 Std.
Höhenunterschied: ↑ 60 m, ↓ 297 m
Beste Jahreszeit: Frühjahr bis Spätherbst
Ausgangspunkt: Theresienkirche auf der Hungerburg; von Innsbruck aus mit der Hungerburgbahn zu erreichen.
Rückkehr: auf demselben Weg oder mit öffentlichen Verkehrsmitteln
Varianten: Verbindungswege zum Rosnerweg bzw. zum Adolf-Pichler-Weg von Mühlau, Arzl, Rum und Thaur (s. auch Tour 8).
Einkehr unterwegs: GH Rechenhof; mehrere Möglichkeiten auf der Hungerburg und in Absam.
Auskunft: Tourismusverband Innsbruck-Igls, 0512/59850
Karten: Österr. Karte Nr. 118 „Innsbruck", 1 : 50.000 oder Kompaß Wanderkarte Nr. 26 „Karwendelgebirge", 1 : 50.000

Still ist es geworden um die ***Pfarr- und Wallfahrtskirche zur hl. Theresia auf der Hungerburg****. Nur noch wenige Innsbrucker erinnern sich an die Zeit, als ganze Scharen von Gläubigen zur schlichten Kapelle in einem Gartenhaus auf der Hungerburg pilgerten. Man berichtete von unzähligen Gebetserhörungen, worauf man zu Beginn der 30er Jahre zum Bau der heutigen Wallfahrtskirche schritt. Wallfahrer aus Stadt und Land trugen rund 60.000 Ziegel 300 Höhenmeter* *bergauf. Das an und für sich schlichte Gebäude ist mit bedeutenden Fresken von Ernst Nepo und Max Weiler ausgestattet. Besonders hervorzuheben sind das Eingangsfresko, welches die hl. Theresia von Lisieux darstellt, und die Herz-Jesu-Fresken.*

Regelmäßige Gottesdienste: tägl. 17.30 Uhr, Mi 15.00 Uhr, Seniorenmesse am So um 9.15 Uhr.
Kontaktadresse: Karmeliterorden der Pfarrkirche zur hl. Theresia, 0512/292219

Oberhalb der Theresienkirche biegen wir in den Rosnerweg (Nr. 14) ein und wandern auf dem sehr gut markierten asphaltierten Weg am oberen Siedlungsrand leicht bergauf, ehe der Weg in einen geschotterten Forstweg übergeht. Im Landschaftsschutzgebiet des Alpenparks Karwendel ziehen wir flach der Hangterrasse entlang Richtung Osten, vorbei am Lawinendamm, von dem wir schöne Ausblicke auf Innsbruck genießen können, und stoßen bald auf eine Weggabelung, an der wir geradeaus Richtung Rechenhof verwiesen werden. Im Buchenwald erinnert eine Gedenktafel an die Errichtung dieses 19 km langen Spazierweges im Jahre 1908 durch den Innsbrucker Verschönerungsverein. Wir überqueren auf einer Holzbrücke den Mühlauer Bach, um nach wenigen Metern nach links auf einem etwas schmäleren Forstweg weiter bergauf zu gehen. Nachdem wir diesen kurzen Anstieg hinter uns gebracht haben, verflacht sich der Weg und wir treten in jene weite Lichtung, in deren Mitte der Purnhof steht.
Nach dem Gasthof Rechenhof setzen wir unsere Wanderung auf dem Adolf-Pichler-Weg geradeaus fort, bis wir an eine asphaltierte Kreuzung stoßen, die wir überqueren. Im weiteren Wegverlauf begleitet uns ein Waldlehrpfad zu beiden Seiten des Weges. Nachdem wir die so genannte Rumer Mure, eine breite Schotterrinne, durchschritten haben, führt uns der etwas schmäler gewordene Weg unterhalb des Garzanhofes vorbei. Wenig später gehen wir an dem bergseitig gelegenen Brunnen der Adolf-Pichler-

Rechte Seite: Im Vordergrund die Thaurer Hauslandschaft, in der Bildmitte die Wallfahrtskirche von Absam, im Hintergrund die Tuxer Voralpen.

Quelle vorbei, ehe wir erneut einen Weg queren, um im Anschluss daran in eine weiträumige Lichtung einzutreten, an deren Ende sich der Schlosshof befindet. Nachdem wir zwischen den Gebäuden des bäuerlichen Anwesens hindurchgewandert sind, führt uns der Weg etwas steiler bergab, vorbei an den talseitig gelegenen Ruinen des Thaurer Schlosses, bis wir nach wenigen Metern auf das **Romedius-Kirchlein** (siehe Tour 8) stoßen.

Hinter dem Kirchlein führt uns ein Waldpfad nach unten, der wenig später in einen geschotterten Forstweg übergeht. Wir erreichen den obersten Siedlungsrand der Gemeinde Thaur. Gemäß Wegweiser biegen wir talseitig nach rechts in diese Siedlung ein und bleiben strikt auf diesem Weg, vorbei am Gästehaus Café Maria stoßen wir auf eine Kreuzung, bei der wir in den Adolf-Pichler-Weg – in diesem Falle ist der so benannte Siedlungsweg ident mit dem ebenso bezeichneten Wanderweg – nach links einbiegen. Hier gehen wir erneut durch eine Siedlung hindurch, die ihrerseits wieder in einen Forstweg übergeht. Vorbei am Hochbehälter Thaurer Moos, schlängelt sich der Weg am Waldesrand dahin, bis wir im Bereich der Absamer Kaserne die offenen Fluren erreichen. Nach dem Überqueren einer asphaltierten Verbindungsstraße zur Kaserne befinden wir uns bereits auf jenem Flurweg, der uns nach Absam bringt. Über das weit verstreute Feldwegesystem zwischen der Absamer Kaserne und der Absamer Pfarr- und Wallfahrtskirche gelangen wir wenig später zu unserem Ziel, der Wallfahrtskirche St. Michael in Absam.

*Bereits im Giebelfeld der **Wallfahrtsbasilika St. Michael in Absam** sehen wir jenes Motiv, das als Gnadenbild am rechten Seitenaltar das Zentrum der Verehrung darstellt. Der eigenwillig gestaltete Turm, beschädigt durch ein Erdbeben im Jahre 1670, erhielt an Stelle einer Turmpyramide eine Kuppel mit bekrönender Laterne. Die urkundliche Ersterwähnung der Kirche fand 1331 statt. In der ersten Hälfte des 15. Jahrhunderts wurde die heutige Kirche erbaut. Im 18.*

Hinweis auf die Marienerscheinung am Heimathaus der Rosina Bucher.

Jahrhundert erfolgte die Barockisierung; die Kirche erhielt durch die Hand von Josef Anton Zoller prächtige Fresken. Am Ende des 19. Jahrhunderts wurden die Vorhalle angebaut und der Treppengiebel gestaltet.

Über die Entstehung des Gnadenbildes wird Folgendes berichtet: Am 17. Jänner 1797 saß die 18-jährige Rosina Bucher in der Stube und war mit Nähen beschäftigt. Auf einmal erblickte sie im Schein der untergehenden Sonne ein orientalisches Frauengesicht im Stubenfenster. Sie erkannte das Frauengesicht als Abbild der Muttergottes. Im Feber 1797 wurde das Glasbild von einer Beamtenkommission kritisch untersucht. Trotz Waschens, Schleifens und Ätzens wurde das Bild Mariens immer wieder sichtbar. Noch im selben Jahr übertrug man das Bild in die Pfarrkirche Absam, wo der Bischof von Brixen seinen heutigen Aufstellungsort auf dem rechten Seitenaltar bestimmte. Damit war Absam als Wallfahrtsort kirchlich anerkannt.

Monatswallfahrt an jedem 1. So im Monat um 14.00 Uhr. – Schützenwallfahrt am 2. So im Okt.
Besondere Wallfahrtstage: 17. Jan. (Erscheinungstag), 1. Mai (Lichterprozession über den Johannesweg und die Stainerstraße zum Erscheinungshaus), 24. Juni (Übertragung des Gnadenbildes in die Kirche). Patrozinium am Sonntag, der dem Michaelstag (29. Sept.) am nächsten liegt.
Regelmäßige Gottesdienste: So 8.30, 10.00 und 19.00 Uhr (im Sommer 19.30 Uhr); Rosenkranz So 14.00 Uhr. Wochentags 19.00 Uhr (im Sommer 19.30 Uhr); Do 8.30 Uhr.
Kontaktadresse: Pfarramt Absam, 05223/57164

Der Arzler Kalvarienberg

Rundspaziergang Arzler Vereinsheim – Kalvarienberg 3

Der Arzler Kalvarienberg zählt zu den ältesten seiner Art in Tirol. Der reizvolle Hügel mit dem Kirchlein in dominierender Lage besitzt einen gewissen Wahrzeichencharakter im Großraum Innsbruck.

Tourencharakter: Spazierweg auf einem bewaldeten Naturlehrpfad und einem Wiesenweg entlang der Kreuzwegstationen.
Gehzeit: 30 min
Höhenunterschied: 65 m
Beste Jahreszeit: das ganze Jahr; Kapelle im Winter geschlossen.
Ausgangspunkt: Vereinsheim Arzl; wenige Parkplätze
Rückkehr: denselben Weg – Rundgang im Bereich des Naturlehrpfades
Variante: Von der Arzler Pfarrkirche aus über die Schnellmanngasse oder Krippengasse und die Franz-Wach-Gasse auf den Kalvarienberg – man erspart sich auf diese Weise den Anstieg nach Arzl. Es ist aber nicht leicht, um die Arzler Kirche herum einen Parkplatz zu finden.
Einkehr unterwegs: Mehrere Möglichkeiten, u. a. Gasthof Stern in Arzl
Auskunft: Tourismusverband Innsbruck-Igls, 0512/59850
Karten: Österr. Karte Nr. 118 „Innsbruck", 1 : 50.000 oder Kompaß Wanderkarte Nr. 26 „Karwendelgebirge", 1 : 50.000

Es ist nicht selbstverständlich, im städtischen Nahbereich einen Naturlehrpfad anzutreffen, der mehr oder minder direkt in einen Kreuzweg übergeht. Unmittelbar beim Arzler Vereinsheim begeben wir uns auf einen breit angelegten geschotterten Weg, in dessen erster Kurve wir nach links in einen schmalen Pfad einbiegen. Die unterschiedlichsten Baumarten, wie Traubenkirsche, Bergahorn, Esche, Edelkastanie, Ulme und Zitterpappel, begleiten uns. Nach der ersten und zugleich letzten Kehre können wir bei einer Holzplattform mit Bank die Aussicht auf Innsbruck und die umgebende Natur genießen. Anschließend geht der Weg am Hang entlang weiter und mündet in den von unten kommenden breiten Forstweg ein. Nach wenigen Metern befinden wir uns vor der ersten Kreuzwegstation, die sich am Beginn jenes Wiesenweges befindet, der uns auf

Der Arzler Kalvarienberg.

den Kalvarienberg führt. Vorbei an den sieben Stationskapellen mit ihren Rundbogennischen gelangen wir auf den von Birken umrahmten Kalvarienberg.

*Die **Kalvarienbergkirche zur Schmerzhaften Mutter Maria** wurde 1665 geweiht und bereits mehrfach renoviert. Die barocke Kirche weist als Grundriss ein Oktogon mit anschließendem Rechteck auf. Das geschindelte Haubendach mit Laterne und ein Dachreiter mit Haube oberhalb des Chores prägen das Äußere. Im Inneren der Kirche wirkt der in klarem Schwarz-Gold gehaltene Altar aus dem 17. Jahrhundert mit dem Gnadenbild der Schmerzhaften Muttergottes (1430) dominierend.*
Auf der Südseite der Kalvarienbergkirche befindet sich in einer Mauernische ein mächtiges Holzkreuz mit Corpus.

Regelmäßige Gottesdienste: Herz-Jesu-Freitag, allmonatlich, 18.30 Uhr. Die Kirche ist an Sonn- und Feiertagen von 14.00 bis 16.30 Uhr geöffnet.
Kontaktadresse: Pfarramt Arzl, 0512/263308

Wiltener Basilika – Igls – Heiligwasser (4)

Das Prämonstratenserstift Wilten ist die geistliche Klammer zwischen zwei bedeutsamen Gnadenstätten, der päpstlichen Basilika Wilten und der Wallfahrtskirche Heiligwasser mitten im Wald auf halber Höhe zum Hausberg der Innsbrucker, dem Patscherkofel. Als um 1650 die Wallfahrt nach Heiligwasser aufkam, ließ der Abt von Wilten die gotische Figur einer sitzenden Madonna dort aufstellen, die zuvor in der Wiltener Stiftskirche verehrt wurde.

Tourencharakter: Zunächst mit der Bahn nach Igls; durch den Igler Ortskern, anschließend durch den Wald, im letzten Drittel bereits schöne Aussicht. Unschwierige Wanderung auf asphaltierten bzw. geschotterten Wanderwegen mit mäßiger Steigung.
Gehzeit: 1½ Std.
Höhenunterschied: 370 m (Igls – Heiligwasser)
Beste Jahreszeit: Frühjahr bis Spätherbst; Heiligwasser ist auch im Winter über den Güterweg vom Grünwalderhof aus erreichbar.
Ausgangspunkt: Wiltener Basilika. Die Igler Bahn verkehrt stündlich, immer um 13 Minuten nach der vollen Stunde.
Rückkehr: Auf demselben Weg. Sehr schön angelegte und gut beschilderte Wege erschließen den Innsbrucker Nahbereich zwischen Wilten und Igls, sodass auch die Möglichkeit besteht, zu Fuß in die Stadt zurückzuwandern.
Variante: Abstieg über den Hofrat-Hirn-Steig, der am obersten Siedlungsrand von Patsch in den Speckbacherweg einmündet; auf diesem dann in östlicher Richtung gemäß Wegweiser Richtung Lans, bis wir auf den Heiligwasserweg stoßen; anschließend auf diesem Weg zurück zum Ausgangspunkt.
Einkehr unterwegs: GH Heiligwasser neben der Wallfahrtskirche, mehrere Möglichkeiten in Igls.
Auskunft: Tourismusverband Innsbruck-Igls, 0512/59850
Karten: Österr. Karte Nr. 118 „Innsbruck“, 1 : 50.000 oder Kompaß Wanderkarte Nr. 36 „Innsbruck – Brenner“, 1 : 50.000

*Die **Basilika „Unsere Liebe Frau unter den vier Säulen“ in Innsbruck-Wilten** befindet sich auf dem Boden des Römerlagers Veldidena. Schon im 5. Jahrhundert stand hier eine Kirche. Der heutige Kirchenbau – eine der schönsten Rokokokirchen Tirols – geht auf den berühmten Priesterarchi-*

tekten Franz de Paula Penz zurück, der in der Mitte des 18. Jahrhunderts mit dem Bau der Gnadenstätte betraut wurde.

Die Wallfahrt ist der Sage nach römischen Ursprungs. Zahlreiche weltliche und geistliche Würdenträger, vor allem des Mittelalters und der frühen Neuzeit, zählten zu den eifrigen Verehrern der Wiltener Muttergottes. Ein Votivbild Herzog Friedrichs mit der leeren Tasche aus der Zeit um 1420 hängt heute noch im hinteren Bereich (rechts) des Kirchenschiffes. Seit nunmehr fast einem halben Jahrhundert gilt die Wiltener Pfarrkirche als Pax-Christi-Kirche Tirols. Wegen der zahlreichen Gebetserhörungen erhob sie Papst Pius XII. zur päpstlichen Basilika. Zentrum der Wallfahrt ist die Statue der Gnadenmuttergottes mit dem Kinde aus der ersten Hälfte des 14. Jahrhunderts über dem Hochaltar unter einem auf vier Säulen ruhenden Baldachin.

Die Wiltener Basilika wird von alters her vom Chorherrenstift der Prämonstratenser betreut. Im Hintergrund rechts die Stiftskirche.

Besondere Wallfahrtstage: Patrozinium Mariä Empfängnis (8. Dez.). – Säkulum in der ersten Septemberwoche. – Goldene Samstage im Okt. – Krankenwallfahrt am 1. Fr im Okt.
Regelmäßige Gottesdienste: Mo – Sa 7.15 Uhr, Mi, Fr und Sa: 19.00 Uhr, So 8.30, 10.00 und 19.00 Uhr.
Kontaktadresse: Pfarramt Wilten, 0512/583385

Um unserem Ziel auf bequeme Art etwas näher zu kommen, besteigen wir die Straßenbahn, welche Innsbruck mit Igls verbindet. Die Einstiegsstelle für die Linie 6, die Igler Bahn, liegt unmittelbar neben der Wiltener Basilika, der Endpunkt fast im Zentrum von Igls. Von hier aus beginnt unsere eigentliche Wanderung. Dem Wegweiser „Patscherkofelbahn“ folgend gehen wir entlang der Obexerstraße, die in ihrem oberen Verlauf in die Eichlerstraße einmündet, zweigen nach links ab und wandern die wenigen Meter bis zum Dorfplatz, um gegenüber vom Sporthotel in den Bilgeriweg einzubiegen, der uns zur Patscherkofelbahn hinaufführt. Östlich der Patscherkofelbahn, vorbei an den großen Parkplätzen, beginnt der Heiligwasserweg, der nun kontinierlich bergauf führt.
Kurz nach den letzten Häusern treffen wir auf den ersten von fünf Kapellenstöcken aus dem Jahre 1802, in denen die Geheimnisse des freudenreichen Rosenkranzes dargestellt sind. Wir pilgern den asphaltierten Weg bergauf, überqueren die Ellbögner Straße und setzen den Weg bei der so genannten „Schwellerkapelle“ fort, die größer ist als die übrigen Kapellenstöcke und ein überlebensgroßes Kreuz mit Corpus enthält. Schon von weitem grüßt die imposante Anlage von Heiligwasser ins Tal. Nachdem wir den fünften Kapellenstock hinter uns gelassen haben, biegen wir in den von unten kommenden asphaltierten Güterweg nach Heiligwasser ein. Die prächtige Fernsicht reicht vom Romedius-Kirchlein über Innsbruck und die Mittelgebirgsterrassen bis in den Telfer Talkessel. Inmitten des Waldes finden wir einen weiteren Kapellenstock mit einer Mariendarstellung: eine moderne Votivtafel aus dem Jahre 1987. Wenig später sind wir an unserem Ziel, der Wallfahrtskirche zu **Heiligwasser**, angelangt.

Zur Wallfahrtsstätte Heiligwasser siehe Tour 5.

5 *Rundwanderung Patsch – Heiligwasser*

Für die Entstehung von Wallfahrtsorten spielen Bäume und Quellen eine bedeutende Rolle, so auch in Heiligwasser. Der Name dieser Gnadenstätte rührt vom so genannten Butterbrünnlein her, bei dem den beiden Bauernburschen Johann und Paul Mayr aus Igls im Jahre 1606 die Muttergottes erschienen ist. Bis in die Mitte des 17. Jahrhunderts wurde dort ein Marienbild an einem Baum verehrt.

Tourencharakter: Durch das Dorf, anschließend auf Waldwegen bei mäßiger Steigung parallel zu den Kreuzwegstationen bergauf. Zurück über den Fahrweg zur Verbindungsstraße Patsch – Lans. Auf dem Speckbacherweg zurück nach Patsch.
Gehzeit: 1½–2 Std.
Höhenunterschied: 236 m
Beste Jahreszeit: Frühjahr bis Spätherbst
Ausgangspunkt: Pfarrkirche Patsch, kaum Parkmöglichkeiten
Variante: Zurück über den Hofrat-Hirn-Steig; dazu müssen wir zwischen der achten und siebten Kreuzwegstation nach rechts abbiegen (rote Markierung). Die Gehzeit verkürzt sich um 30 min.
Einkehr unterwegs: Gaststätte Heiligwasser neben der Wallfahrtskirche, mehrere Möglichkeiten in Patsch
Auskunft: Tourismusverband Innsbruck-Igls, 0512/59850
Karten: Österr. Karte Nr. 148 „Brenner“, 1 : 50.000 oder Kompaß Wanderkarte Nr. 36 „Innsbruck – Brenner“, 1 : 50.000

Vom ostseitigen Friedhofsausgang der Pfarrkirche zu Patsch gelangt man auf jene Dorfgasse, die uns am Gemeindeamt vorbeiführt. Wir steigen stetig bergan, wobei wir nach wenigen Metern die Ellbögner Landesstraße überqueren. An dieser Stelle stoßen wir zum ersten Mal auf den Wegweiser „Heiligwasser, Patscher Alm“. 600 Meter von der Kirche entfernt haben wir den eigentlichen Ausgangspunkt unserer Wanderung, den Beginn der Forststraße Richtung „Heiligwasser, Patscher Alm“ erreicht. Nachdem wir die letzten Häuser des Ortsteiles Stille auf dem asphaltierten Fahrweg hinter uns gelassen haben, wandern wir über den geschotterten Forstweg bis zu jener Weggabelung auf halber Strecke zur Gnadenstätte, an der die Kreuzwegstationen ihren Anfang nehmen. Wir biegen nach links in einen an-

Die Wallfahrtskirche Heiligwasser mit dem Gasthaus.

genehm breiten Waldweg ein. Zwischen der 9. und 10. Kreuzwegstation überqueren wir die Skipiste der Patscherkofelabfahrt und pilgern – vorbei an den restlichen Kreuzwegstationen – der Wallfahrtskirche entgegen.

Die ***Wallfahrtskirche zu Heiligwasser****, am nördlichen Abhang des Patscherkofels gelegen, mit Prachtblick auf das mittlere Inntal zwischen Thaur und Telfs, gehört zu den beliebtesten Wallfahrten im Großraum Innsbruck. Die Legende berichtet, dass die zwei Kinder eines Igler Bauern zurückgebliebenes Vieh suchten. Da erschien ihnen im Wald die Muttergottes und wies ihnen den Weg zu den verloren geglaubten Tieren. Gleichzeitig erhielten die Kinder den Auftrag, den Chorherren des Stiftes Wilten zu sagen, dass sie an dieser Stelle neben der Quelle eine Kirche zu Ehren der Muttergottes errichten sollten. Jahre vergingen. Der mittlerweile schon längst erwachsene Johann Mayr ging mit dem taubstummen Sohn seines Nachbarn in den Wald, kam an den Ort, wo ihm einst die Muttergottes erschienen war, und betete für die Heilung des Kindes. Das Wunder geschah, das Kind wurde geheilt. Erst*

R

jetzt berichtete Johann Mayr den Chorherren zu Wilten vom Wunsch der Muttergottes, eine Kirche bauen zu lassen. Mit bischöflicher Erlaubnis ging man nun schnell ans Werk. Eine erste, hölzerne Kapelle wurde bald zu klein, und so erbaute man 1665 eine gemauerte Kirche. In der ersten Hälfte des 18. Jahrhunderts kam es zu einer Reihe von Umbauten. So wurde eine Seitenkapelle zu Ehren der hl. Ottilie hinzugefügt, die Kirche etwas verlängert, ein Brunnen gebaut, das neue Portal errichtet und über dem Kirchentor ein Fresko angebracht. Auch heute noch wird die Gnadenstätte von den Prämonstratensern des Stiftes Wilten betreut. Am Hochaltar befindet sich die Kopie des Gnadenbildes, einer spätgotischen Muttergottes mit Kind. Das Original wurde 1971 gestohlen.

Zahlreiche organisierte Wallfahrten der Pfarrgemeinden der Umgebung. Von Patsch aus am Ostermontag, Pfingstmontag, am Di vor Christi Himmelfahrt und am 1. Sa im Okt. – Lichterprozession mit festlicher Eucharistiefeier Ende Mai und Ende Sept. (Ausgangspunkt: Schwellerkapelle, siehe Tour 4).
Besondere Wallfahrtstage: Erstes Patrozinium am 5. August, zweites Patrozinium zu Mariä Heimsuchung (2. Juli) mit Festgottesdienst jeweils um 9.00 Uhr.
Regelmäßige Gottesdienste: Mai bis Okt. jeden Sa 9.00 Uhr.
Kontaktadresse: Stift Wilten, 0512/583048 oder Gasthaus Heiligwasser, 0512/377171

Um den Rückweg anzutreten, gehen wir auf dem östlich der Gaststätte gelegenen asphaltierten Weg in einer einzigen weit gezogenen Kehre bergab. Kurz bevor dieser Weg in die Landesstraße Patsch – Lans einmündet, zweigen wir gemäß Wegweiser nach links in den Speckbacherweg ein, der vorerst als schmaler Waldpfad parallel zur Landesstraße verläuft. Ungefähr auf der Höhe des Grünwalderhofes, der jedoch durch den dichten Wald so gut wie nicht zu sehen ist, zweigen wir in einen von unten kommenden breiten Forstweg ein, der uns leicht bergan führt. Ohne Abzweigung verbleiben wir auf diesem Weg und erreichen wenig später den obersten Siedlungsrand von Patsch; somit hat sich der Kreis unserer Rundwanderung geschlossen.

Im Lichte von Mentlberg

Schlosskirche zu Mentlberg – Götzens ⑥

Die Schlosskirche zu Mentlberg, besser bekannt unter dem Namen „Maria auf der Gallwies“, kann mit einer kultischen Besonderheit aufwarten, nämlich einer volkstümlichen Darstellung der Siebenschläfer. Diese christliche Abwandlung des weit verbreiteten Erzählmotivs des Schläfers, der aufwacht und die Welt verändert vorfindet, trägt die Botschaft der Auferstehung in sich: Wer in Christus entschlafen ist, wird weiterleben.

Tourencharakter: Unschwierige Tour im Nahbereich von Innsbruck; strikt bergauf bis zum Eichhof, von dort auf der Mittelgebirgsterrasse ohne größere Höhenunterschiede über Forst- und Flurwege bis nach Götzens.
Gehzeit: 2 Std.
Höhenunterschied: 250 m
Beste Jahreszeit: Frühjahr bis Spätherbst
Ausgangspunkt: Schlosskirche zu Mentlberg. Da nur wenige Parkplätze am Straßenrand vorhanden sind, empfiehlt sich die Anreise mit dem öffentlichen Verkehrsmittel (IVB-Busse).
Rückkehr: auf demselben Weg oder mit dem Bus
Variante: Rundwanderung über den Geroldsbachweg
Einkehr unterwegs: GH Eichhof, mehrere Gasthöfe in Götzens
Auskunft: Tourismusverband Innsbruck, 0512/59850
Karten: Österr. Karte Nr. 147 „Axams“ und Nr. 148 „Brenner“, 1 : 50.000 oder Kompaß Wanderkarte Nr. 36 „Innsbruck – Brenner“, 1 : 50.000

*Die **Wallfahrtskirche „Maria auf der Gallwies“** bei Schloss Mentlberg zählte einst zu den bekanntesten Gnadenstätten im Großraum Innsbruck – der prachtvolle Bau aus dem Jahr 1769 zeugt davon –, geriet aber zunehmend in Vergessenheit.*

Das Entstehen der Wallfahrt geht auf die Schreckenszeit des 30-jährigen Krieges zurück. 1638 entdeckte Christoph von Khuebach, Herr von Schloss Mentlberg, unweit der Reichsstadt Ulm in einer gebrandschatzten Kapelle ein Vesperbild, erhielt die Erlaubnis, es mitzunehmen, und stellte es 1640 in seiner Schlosskapelle auf. Schon bald zog das Bild Bittsteller an; erst recht als Schloss und Kirche 1661 in den Besitz von

Stift Wilten kamen (bis 1810). 50 erhaltene Votivtafeln zeugen von der Beliebtheit der Gnadenstätte. Neben dem Gnadenbild am Hochaltar ist die Gruppe der Siebenschläfer in einer Nischenhöhle links beim Eingang hervorzuheben. Ernst Meister kleidete die Geschichte der Kirche in das Gewand einer tiefsinnigen Erzählung mit dem Titel „Das Licht von Mentlberg".

Jeden 15. des Monats Rosenkranz um 19.00 Uhr, Wallfahrtsmesse um 19.30 Uhr. Von Ostern bis Allerheiligen jeden Freitag Abendmesse um 18.30 Uhr, Rosenkranz um 18.00 Uhr. *Kontaktadresse:* Pfarramt Maria am Gestade, 0512/572826

Das Motiv der Siebenschläfer, dargestellt in der Wallfahrtskirche Mentlberg.

Von der Wallfahrtskirche „Maria auf der Gallwies" neben Schloss Mentlberg begeben wir uns über die östliche Einfahrtsallee bis zu jenem Kreuzungspunkt, der uns nach rechts Richtung Natterer See (Natterer-See-Weg) verweist. Entlang der Schlossmauern umrunden wir gleichsam den Besitz und stoßen oberhalb der Kirche auf eine Weggabelung. Wir gehen auf dem linken Weg Nr. 6, „Natterer Seeweg", „Eichhof" weiter; der rechte Weg würde uns unter der Nummer 6 auf dem Geroldsbachweg ebenfalls nach

Götzens führen. Schon bald liegt der Innsbrucker Flughafen unter uns, wenig später erblicken wir Richtung Süden das Pfriemesköpfl. Der Forstweg verengt sich im obersten Abschnitt zu einem Steig, auf welchem wir den Gasthof Eichhof umgehen, um anschließend wieder gemäß Wegweiser in den zum Natterer See führenden Forstweg einzubiegen. Damit haben wir den anstrengendsten Teil bereits hinter uns gebracht, denn von nun an geht es ohne nennenswerte Höhendifferenz bis zu unserem Ziel weiter.
Oberhalb des Natterer Sees mündet der bequeme Waldweg bei einem Wegkreuz mit gemaltem Corpus in eine von links kommende Schotterstraße ein. Wir verbleiben auf dieser noch rund hundert Meter und biegen anschließend nach rechts in einen Hohlweg Richtung Geroldsbach ein. Auf einem asphaltierten Weg umgehen wir die Siedlung am Geroldsbach und gelangen nach einem kurzen Anstieg zu den Einethöfen. Unter einer mächtigen Linde, die als Naturdenkmal geschützt ist, lesen wir auf einem Wegweiser „Feldweg Götzens, 48". Dieser Weg führt uns auf den Wald zu und weiter in eine kleine Talsohle. Um die schönen Ausblicke Richtung Götzens von den Flurwegen aus genießen zu können, wandern wir am Waldrand entlang eine kleine Hügelkuppe empor. Kurz nach dem höchsten Punkt biegen wir nach links in einen Feldweg ein.
Die Götzner Pfarrkirche ist ab hier sehr schön zu sehen. Der Flurweg geht in weiterer Folge in ein asphaltiertes Sträßchen über, welches uns an der Feldkapelle mit der seltenen Darstellung einer stillenden Muttergottes vorbeiführt. An diesem Kreuzungspunkt entscheiden wir uns für den linken Weg, der uns zu einem Bildstock führt. Dieser wurde 1981 von der Götzner Schützenkompanie zum Gedenken an die Pestjahre 1611/1644 errichtet. Wir setzen unseren Weg fort und gelangen über die Oster- und Mittelgasse, vorbei an schönen Zeugnissen der bäuerlichen Volksarchitektur, direkt zu unserem Ziel, der Wallfahrtskirche in Götzens.
Zur Wallfahrtskirche Götzens siehe Tour 7.

7 *Götzens – Völs*

In der näheren Umgebung von Innsbruck gibt es eine Reihe von Wallfahrtsstätten. Die jüngste darunter ist die kunstvolle Pfarrkirche in Götzens, in der die sterblichen Überreste des im Konzentrationslager Buchenwald ermordeten Pfarrers Otto Neururer verwahrt sind, der 1996 selig gesprochen wurde. Zu den historischen Wallfahrtsstätten im Großraum Innsbruck gehört die Kirche auf dem Blasiusberg in Völs. Die beiden Wallfahrtskirchen sind durch einen traditionsreichen Pilgerweg miteinander verbunden.

Tourencharakter: Auf breitem Waldweg kurz etwas steil bergab, anschließend größtenteils mit angenehmem Gefälle nach Völs, von dort noch kurz bergauf.
Gehzeit: 1 Stunde
Höhenunterschied: ↓ 250 m; ↑ 60 m
Beste Jahreszeit: Frühjahr bis Spätherbst
Ausgangspunkt: Pfarrkirche Götzens. Die Anreise mit dem Bus (z. B. ab Innsbruck Hauptbahnhof) wird empfohlen.
Rückkehr: Auf demselben Weg; mit dem Bus ab dem Völser Eck zurück nach Götzens oder von Völs nach Innsbruck.
Variante: Etwas länger wird diese Route, wenn man über den Kalvarienberg gehen möchte: Dann geht man Richtung Völs weiter, zweigt also nicht zur Josefskapelle ab. Kurz vor dem Gemeindeamt (beim „Dorfladele“) biegt man nach links ab, überquert den Axamer Bach und steht somit am Beginn des Kalvarienbergweges, der uns zur Blasiuskirche führt.
Anmerkung: Ein Pilgerweg führt vom Birgitzer Liftstüberl auf ebenen asphaltierten Wegen in knapp 15 min zur Wallfahrtskirche nach Götzens.
Einkehr unterwegs: mehrere Gasthöfe in Völs und in Götzens
Auskunft: Tourismusverband Götzens, 05234/32236 oder Völs, 0512/302646
Karten: Österr. Karte Nr. 147 „Axams“ und Nr. 117 „Zirl“, 1 : 50.000 od. Kompaß-WK Nr. 36 „Innsbruck–Brenner“, 1 : 50.000

*Die **Götzner Pfarrkirche zu den hll. Petrus und Paulus** zählt zu den schönsten Rokoko-Dorfkirchen Österreichs. Erbaut wurde sie 1772 bis 1775 von Franz Singer, der auch die Stuckaturen schuf, während die Fresken von Matthias Günther stammen. Das Äußere wird durch die reiche Archi-*

Die prächtige Götzner Pfarrkirche: Seit der Seligsprechung von Pfarrer Otto Neururer im Jahre 1996 auch Wallfahrtskirche.

tekturmalerei, durch den geschwungenen Scheingiebel und durch den anmutigen Kirchturm mit Zwiebelhelm und bekrönender Laterne geprägt. Das Innere stellt einen wahren Rausch für unsere Sinne dar. Die Farben und Ausführungen der Deckenfresken, die unterschiedlichen Stuckierungen, der Kanzelkorb mit Schalldeckel sind typischer Ausdruck barocken Lebensgefühles.

Wallfahrtsstätte ist die Götzner Pfarrkirche wie gesagt erst seit der Seligsprechung Pfarrer Otto Neururers am 24. November 1996. Otto Neururer erblickte am 25. März 1882 in Piller/Fließ das Licht der Welt. Nach der Priesterweihe und einigen Kooperatoren-Stellen kam Neururer 1932 nach Götzens. Am 15. Dezember 1938, also nur wenige Monate nach dem Anschluss Österreichs an Hitler-Deutschland, wurde er von der Gestapo verhaftet. Die Begründung für seine Verhaftung lautete „Verhinderung einer Deutschen Ehe". Pfarrer Neururer hatte einer jungen Götznerin von der Ehe mit einem wesentlich älteren, geschiedenen SA-Mann abgeraten, da eine sakramentale Ehe gemäß Kirchenrecht nicht möglich war. Der Abgewiesene wollte sich damit nicht abfinden. In der Folge wurde der Götzner Ortspfarrer in das KZ Dachau

und später in das KZ Buchenwald gebracht. Trotz Todesgefahr wirkte Otto Neururer in den Konzentrationslagern seelsorgerisch weiter. Ende Mai 1940 wurde er in den Bunker des KZ Buchenwald gebracht, in welchem er – an den Füßen von den SS-Schergen aufgehängt – am 30. Mai 1940 verstarb. Seine sterblichen Überreste wurden verbrannt und in einer Urne einen Monat später nach Götzens gesandt. Die Aschenurne des seligen Otto Neururer befindet sich heute am neu geschaffenen Volksaltar im Chorraum. Seine Gedenkstätte finden wir in einer schlichten Seitenkapelle der Kirche.
In jüngster Vergangenheit sind nicht nur zahlreiche Gebetserhörungen bekannt geworden, sondern auch Votivtafeln angebracht worden.

Die Schauvitrine mit dem hitzeverschmorten Rosenkranz des seligen Pfarrers Otto Neururer, seinem Kelch, einem Holzkreuz und die dem Leichnam zur Identifikation beigegebene Keramikplakette in der linken Seitenkapelle der Götzner Pfarrkirche.

Organisierte Wallfahrten: 30. Mai, Todestag von Otto Neururer, von Mentlberg, Völs, Mutters, Birgitz und Axams aus.
Regelmäßige Gottesdienste: So 8.30 u. 19.00 Uhr, Mo 7.00 Uhr, Di u. Fr 19.00 Uhr, Mi 17.00 Uhr Kinder- u. Jugendmesse.
Kontaktadresse: Pfarramt Götzens, 05234/32229

Von der Pfarrkirche im Ortszentrum von Götzens wandern wir auf dem Gehsteig Richtung Innsbruck, um unmittelbar nach dem Café Singer in der Rechtskurve der Bundesstraße bei den Leitplanken nach halblinks abzubiegen. Der kurze Steig, der uns zur Siedlung Vellenberg hinunterführt, ist nicht beschildert. Man könnte auch auf dem Gehsteig bleiben und rund 200 Meter später auf einem asphaltierten Weg in die Siedlung Vellenberg einbiegen. Auch hier gibt es kein Hinweisschild. Wir durchschreiten die kleine Siedlung und gehen unterhalb der Burgruine Vellenberg auf einem asphaltierten Weg weiter, der in seinem unteren Verlauf in einen breiten, zunächst sehr steilen Forstweg übergeht. Treten wir das erste Mal aus dem Wald heraus, sehen wir bereits die Wallfahrtskirche auf dem Blasiusberg. Kontinuierlich geht es bergab, bis wir zu jener Kreuzung gelangen, die uns nach rechts zum Völser Eck, geradeaus zum Greidfeld und links ins Nasse Tal verweist. Wir biegen scharf nach links Richtung Nasses Tal ab. Der Weg führt uns ohne nennenswerten Höhenunterschied zum Axamer Bach, den wir im obersten Bereich der Bauhofsiedlung bei einem Bauernhof überschreiten. Wir biegen in den von oben kommenden Weg nach rechts Richtung Völs ein und wandern auf dem asphaltierten Weg zuerst noch durch die Fluren, in der Folge durch die Bauhofsiedlung hindurch. Bereits im Nahbereich des Blasiusberges zweigen wir bei einem Wegkreuz, welches von zwei Birken umrahmt ist, nach links Richtung Josefskapelle bzw. Blasiusberg ab. Der Wegweiser zur Wallfahrtskirche ist hier äußerst schwer zu sehen. Von der Josefskapelle, dem Sammelpunkt für Pilgergruppen, führt uns der kurze, aber kräftige Anstieg parallel zu den Kreuzwegstationen zur Wallfahrtskirche empor.

Urkundlich erstmals 1286 erwähnt, erfolgte 1733 anstelle einer gotischen Kirche der barocke Neubau der ***Wallfahrtskirche St. Blasius****. In ihrem Ursprung ist die Kirche am Blasiusberg also rund 200 Jahre älter als die Völser Pfarrkirche. Das Äußere des Kirchleins, welches vor ein paar Jahren renoviert und durch den 1999 neu gestalteten Vorplatz noch zusätzlich aufgewertet wurde, wirkt schlicht. Im lichten Inneren beeindrucken nicht nur Altar, Kanzel und Deckenfresken, sondern auch die um den Altar gruppierten Votivbilder. Auf dem Hochaltar steht die Statue des heiligen Blasius. Szenen aus der Leidensgeschichte des Kirchenpatrons hielt der Götzner Franz Kirchebner (um 1800) in den rokokohaft gemalten Ovalmedaillons fest. Das „Schwarze Kreuz“ am linken Seitenaltar ist eines der bedeutendsten Werke der Bronze- und Metallgießer Innsbrucks und stammt aus der Mühlauer Gusswerkstätte. Stefan Godl, der für den Guss des Großteils der*

Farbenprächtige Votivbilder in der Kirche am Blasiusberg.

„Schwarzen Mander" in der Innsbrucker Hofkirche zuständig war, goss den Bronzekruzifixus 1522 nach einem Modell des Bildschnitzers Leonhard Magt.
Die neu renovierten Kreuzwegkapellen am Weg zur Kirche und das ehemalige Widum mit der Fassadenmalerei „Maria unter den vier Säulen" runden den Gesamteindruck des Völser Kirchhügels ab.

Markus-Bittgang am 25. April, Bittgang am Mo vor Christi Himmelfahrt, Patrozinium am 3. Feber (Ausgangspunkt: Josefskapelle).
Regelmäßige Gottesdienste: Vom Blasiustag bis zum Advent jeden Fr um 15.00 Uhr. Kreuzwegandachten in der Fastenzeit jeweils am Fr um 14.30 Uhr.
Kontaktadresse: Pfarramt Völs, 0512/303109

Thaur – Romedius-Kirchlein (8)

Geboren wurde der adelige Romedius in Thaur, gelebt hat er mit ziemlicher Sicherheit knapp vor der Jahrtausendwende, gestorben ist der Heilige in dem nach ihm benannten San Romedio im Nonstal, einer bedeutenden Pilgerstätte. Verehrt wird er aber auch in Thaur, vor allem in dem Peter und Paul geweihten Schlosskirchlein, im Volksmund „Romedikirchl" genannt.

Tourencharakter: Von der Thaurer Pfarrkirche zuerst durch Siedlungsgebiet, in weiterer Folge auf einem geschotterten Weg bergauf bis zum Romedius-Kirchlein.
Gehzeit: 45 min
Höhenunterschied: 158 m
Beste Jahreszeit: Frühling bis Spätherbst
Ausgangspunkt: Pfarrkirche Thaur, wenige Parkplätze
Rückkehr: Auf demselben Weg. Von der ersten Kreuzwegkapelle führt die Schlossgasse direkt zur Kirchgasse bergab.
Variante: Siehe Tour 2 (Hungerburg – Absam); Erwerb der „Bronzenen Wandernadel" des Tourismusverbandes Rum für den Weg Hungerburg – Romedikirchl – Gasthof Stangl in Thaur.
Einkehr unterwegs: Mehrere Möglichkeiten in Thaur, z. B. Gasthof Stangl neben der Pfarrkirche.
Auskunft: Tourismusverband Hall in Tirol, 05223/56269, 56220
Karten: Österr. Karte Nr. 118 „Innsbruck", 1 : 50.000 oder Kompaß Wanderkarte Nr. 26 „Karwendelgebirge", 1 : 50.000

Auf der nördlich der Thaurer Pfarrkirche beginnenden Kirchgasse wandern wir bis zur Abzweigung links in den Franz-Pernlochner-Weg bergan. Über diesen Weg erreichen wir die Langgasse, in die wir rechts bergauf einbiegen. Wenig später zweigen wir rechts in den St.-Romedius-Weg ein, in dessen oberem Teil sich die erste Kreuzwegkapelle befindet. Unter einem Blätterdach von uralten Eichen, Buchen und Ahornen führt der historische Weg bergan. Der Pilgerweg zum Romedius-Kirchlein wurde um 1870 mit sieben Kapellen zum Leiden und Sterben des Herrn versehen. „Kerkerkapelle", Kreuzkapelle, Bildstock mit einer Pieta und Heiliges Grab sind in dieser Anordnung in Tirol einzigartig. Zum Schluss durchschreiten wir

Auf dem Weg zum Romedius-Kirchlein (Bildmitte). Links im Wald sind die Ruinen des Thaurer Schlosses sichtbar.

eine efeuüberwucherte neugotische Portalanlage und erreichen nach wenigen Metern die Wallfahrtskirche.

Die Thaurer Schlosskirche zu den hll. Petrus und Paulus, im Volksmund ***„Romedius-Kirchlein"*** *genannt, soll der Legende nach auf den im Thaurer Schloss geborenen hl. Romedius zurückgehen. Nach einem Aufenthalt in Rom entschloss er sich, sein Leben als Einsiedler zu verbringen. Er verschenkte all seine Güter und zog sich auf den Nonsberg (Trentino) zurück, wo er ein gottgeweihtes Leben führte. Die Wirkungs- und Grabstätte des Heiligen, San Romedio genannt, entwickelte sich schon im Mittelalter zu einem beliebten Wallfahrtsort.*

Die 1413 erstmals urkundlich erwähnte Schlosskirche wurde um 1650 mit tatkräftiger Unterstützung des Haller Arztes Dr. Hippolytus Guarinoni renoviert. Dabei errichtete man einen Altar zu Ehren des hl. Romedius. Ihr heutiges Gepräge erhielt die Kirche im ausgehenden 18. Jahrhundert: Ovales Oculus über dem Eingang, Rokokostuckaturen, farbenfrohe Deckenfresken und Rokokoaltäre. Im Reliquienschrein auf dem Hochaltar befindet sich die vermeintliche Hauptreliquie des hl. Romedius, denn dieses Haupt dürfte mit größter Wahrscheinlichkeit von einem seiner Begleiter stammen; in einem eigenen Reliquiar finden wir die sicher bezeugten Reliquien des hl. Romedius: eine Rippe und ein Wirbel, die 1951 von San Romedio nach Thaur gebracht wurden.

Die letzten Meter zur Thaurer Wallfahrtsstätte.

Besondere Festtage: Fest des hl. Romedius (15. Jänner) mit feierlicher Andacht am Vortag. – Kirchenpatrozinium (29. Juni) mit festlichem Gottesdienst. – Feierliche Palmprozession am Palmsonntag von der Pfarrkirche aus.
Regelmäßige Gottesdienste: Zumeist jeweils Mi 7.30 Uhr; ausgenommen die Advent- und Weihnachtszeit oder Änderungen in der Gottesdienstordnung.
Anmerkungen: Die Kirche ist außerhalb der angeführten Gottesdienste gesperrt. Wallfahrtsgruppen kann nach rechtzeitiger vorheriger Anmeldung die Kirche geöffnet werden.
Kontaktadresse: Pfarramt Thaur, 05223/492850

9 *Absam – St. Magdalena im Halltal*

„Die letzte Möglichkeit", pflegten die Bergleute im Halltal zu sagen, wenn alle Wege, vor allem im Winter, hinaus Richtung Absam unbegehbar geworden waren, und meinten damit den Fluchtsteig, der in seinem Namen diese „letzte Möglichkeit" zum Ausdruck bringt. Der Fluchtsteig führt uns von Absam/Eichat nach St. Magdalena, welches eine sehr wechselvolle Geschichte erlebt hat.

Tourencharakter: Zunächst breiter Weg, später alpiner Steig, der gutes Schuhwerk und stellenweise Trittsicherheit erfordert.
Gehzeit: 1½–2 Std.
Höhenunterschied: ↑ 470 m
Beste Jahreszeit: Spätfrühling bis Spätherbst
Ausgangspunkt: Parkplatz im Bereich der Mautstelle am Beginn des Halltales. Erreichbar über Hall Richtung Absam, auf der Salzbergstraße bergan bis zur Abzweigung ins Halltal. St. Magdalena ist über die Halltal-Mautstraße mit dem Auto erreichbar.
Rückkehr: auf demselben Weg
Variante: Zahlreiche Wanderungen im Karwendelgebirge sind von St. Magdalena aus möglich.
Einkehr unterwegs: Jausenstation St. Magdalena neben dem Kirchlein, im Sommer täglich geöffnet außer Mo-Vormittag bei Schlechtwetter, auch im Winter am Wochenende, in den Ferien und an Feiertagen.
Auskunft: Tourismusverband Hall in Tirol, 05223/56269, 56220
Karten: Österr. Karte Nr. 118 „Innsbruck", 1 : 50.000 oder Kompaß Wanderkarte Nr. 26 „Karwendelgebirge", 1 : 50.000

Unmittelbar hinter dem Kassenautomaten der Mautstelle zweigen wir nach links in einen Waldweg ein, an dem wir gleich zu Beginn die Zielanlage des Rodelvereines Absam-Halltal passieren. Der gesamte Weg verläuft auf der orographisch rechten Seite des Tales, in unterschiedlichen Abständen parallel zur asphaltierten Salzbergstraße, die sich etwas unterhalb des Wanderweges befindet. Bei mäßiger Steigung kommen wir am Trinkwasserhochbehälter Halltal vorbei und queren wenig später einen geschotterten Forstweg, der nach links Richtung Runstboden abzweigt. Wir folgen dem Hinweisschild „St. Magdalena" in einen

Auf dem Fluchtsteig ins Halltal.

Waldweg. Mehrfach besteht die Möglichkeit, vom Steig auf die Mautstraße zu gelangen. Unter uns sehen wir die so genannte Berg- oder Freiungskapelle. Sie war das Grenzzeichen der von König Heinrich im Jahr 1325 bestimmten und von Kaiser Maximilian 1491 bestätigten Freiung des Salzberges. Wenig später – im Bereich eines Wasserwehrs auf der gegenüberliegenden Bachseite – geht der von uns beschrittene Waldweg in einen relativ steilen Steig über. An dieser Stelle betreten wir den interessantesten Abschnitt des Fluchtsteiges, der uns nun durch felsiges Gelände führt.

Ein letzter lohnender Blick zurück ins Inntal, und wir befinden uns inmitten der prächtigen Felsenszenerie des Karwendels. Zwei Brücken helfen uns, das steile Gelände bequemer zu überwinden; der Steig ist hier mit Seilen gegen den Abgrund gesichert. Ehe wir bei einer Wegkreuzung geradeaus weitergehen, haben wir im oberen Bereich dieser felsigen Engstelle noch ein kleines Bächlein zu überqueren. An manchen Stellen des Fluchtsteiges erinnern uns die hölzernen Rohre am Weg an den Soletransport in früheren Zeiten. Der schattige Wanderweg führt uns durch die alpine Bergwaldvegetation mit prächtigen Ausblicken auf die Kalkfelsen des Karwendels weiterhin steil bergan. Die letzten Meter zur Kirche und Jausenstation von St. Magdalena legen wir über eine Wiese zurück.

St. Magdalena im Halltal *hat mit dem Magdalena-Kirchlein im Gschnitztal auch über das Patrozinium hinaus viele Gemeinsamkeiten. Beide Kirchen stehen ausgesetzt auf einer Hangkante, beide sind mit einem weiteren Baukomplex verschmolzen und bei beiden wirken die spätgotischen Stilele-*

Das Magdalenenkirchlein in 1287 m Seehöhe mit der unmittelbar angeschlossenen Gaststätte.

mente prägend. Die Grundstruktur der Kirche, die Gewölbemalereien im Altarraum, die Sakramentsnische und ein Scheibenrest gehen auf das 15. Jahrhundert zurück, als Augustinerinnen hier ein Kloster errichteten. Im 16. Jahrhundert wird das Kloster bereits wieder aufgelassen, aber St. Magdalena gewinnt in der Pestzeit als Wallfahrtsort an Bedeutung. Zu Ende des 17. Jahrhunderts zerstört ein Erdbeben den Baukomplex, er wird jedoch wieder aufgebaut. Im 20. Jahrhundert wird der Besitz säkularisiert.

Die Kirche befindet sich heute in staatlichem Besitz und wird von der Wirtsfamilie liebevoll betreut. Kirchtag am St.-Magdalenens-Tag (22. Juli), veranstaltet von der Gemeinde Absam. Hl. Messe und Mariensingen mit dem Jakob-Stainer-Chor aus Absam im Mai/Juni, zahlreiche Konzerte und Aufführungen im Sommer und Herbst.
Kontaktadresse: Jausenstation St. Magdalena, 0663/855866

Im Wald der Einsiedler

Rundwanderung Baumkirchen – Gnadenwald 10

Der Name Gnadenwald ist untrennbar mit dem Kloster und der Wallfahrtskirche St. Martin verbunden. Gründete doch der Verwalter der Haller Saline Georg Thaler hier eine Genossenschaft, deren Mitglieder sich um eine Eremitage niederließen und ihre Siedlung Gnadenwald nannten. Früher pilgerten die Baumkirchner alljährlich am Martinstag nach Gnadenwald. Wir verbinden diesen alten Wallfahrerweg mit einer Wanderung (Rückweg) durchs Farbental. Die Wallfahrtskirche St. Martin ziert den Umschlag dieses Buches.

Tourencharakter: Größtenteils breite Wanderwege mit mäßigen Steigungen und Gefällen; stellenweise Steige und steilere Wegabschnitte; schlechte Beschilderung.
Gehzeit: 2½–3 Std.
Höhenunterschied: 297 m
Beste Jahreszeit: Frühling bis Spätherbst
Ausgangspunkt: Ortszentrum von Baumkirchen. Wenige Parkplätze bei der Poststelle und dem Don-Bosco-Kindergarten.
Variante: Zahlreiche Wandermöglichkeiten in Gnadenwald
Einkehr unterwegs: Gasthof Speckbacher neben der Wallfahrtskirche, Café Martinsstuben nahe der Wallfahrtskirche, Gasthof Schindl in Baumkirchen
Auskunft: Tourismusverband Gnadenwald, 05223/52511
Karten: Österr. Karte Nr. 118 „Innsbruck" u. Nr. 119 „Schwaz", 1 : 50.000 od. Kompaß-WK Nr. 26 „Karwendelgebirge", 1 : 50.000

Unser Ausgangspunkt ist das Dorfzentrum von Baumkirchen. Östlich des Gasthofes Schindl biegen wir in die Schlossstraße ein und wandern am Bildungshaus der Don-Bosco-Schwestern vorbei durch das bäuerliche Baumkirchen bergwärts. Bei der nachfolgenden Kreuzung folgen wir dem Wegweiser „Gnadenwald" bergauf. Von rechts mündet der von Fritzens kommende Weg in die Schlossstraße ein, welchen wir beim Retourweg benützen werden. Noch ein Stückchen durchs Siedlungsgebiet auf dem Bettelwurfweg verbleibend, sehen wir an einer Esche den Wanderwegweiser „Nr. 3, St. Martin im Gnadenwald, 1¼ Std." Der asphaltierte Siedlungsweg geht nach den letzten Häusern in einen geschotterten Forstweg über, der uns zum Waldrand bringt. Auf diesem treffen wir auf eine Wegkreuzung, bei der wir die Richtung bergwärts beibehalten, um nach rund 50 Metern erneut auf eine Weggabelung zu stoßen, in deren Mitte sich ein schönes Flurkreuz befindet. Wir wandern nach links (kein Wegweiser!), kommen an einem kleinen Teich vorbei und zweigen hier (wieder kein Wegweiser!) nach rechts oben auf einen Forstweg ab. Der Markierung Nr. 3 folgend wird der Weg etwas enger und steiler und der Wald dichter. Wir zweigen nun nach links in einen Hohlweg ab, der später in eine Forststraße mündet, die wir nach links begehen. Der Weg verflacht zusehends, wir überqueren den Bach und folgen dem Wegweiser „St. Martin im Gnadenwald". Nachdem wir einen Schranken passiert haben, treten wir in die offene Flur hinaus und überqueren eine Lichtung, an deren Ende wir nach rechts abzweigen. Dem Waldrand kurz folgend, gehen wir gemäß Wegweiser „Speckbacherhof" einen Wiesenweg die Hügelkuppe bergan und gelangen somit direkt zur Benefizialkirche St. Martin.

Die ***Benefizial- und Wallfahrtskirche St. Martin in Gnadenwald*** *geht auf eine Hauskapelle eines Jagdhauses zurück, die bereits im 11. Jh. hier gestanden haben soll. Um das Jahr 1445 entstand an dieser Stelle eine Einsiedelei, und 1497 gründete Magdalena Getzner ein Kloster der Augustinerinnen als Tochtersiedlung von St. Magdalena im Halltal. Als Kloster und Kirche im 16. Jh. einem Brand zum Opfer fielen, gab man den Gnadenort auf, bis sich der Haller Pfarrer Christoph Wenig der verlassenen Stätte annahm und ein „Klösterle" errichtete. Der Eremit Georg Thaler, ursprünglich Verwalter der Saline Hall, stiftete das Benefizium für einen Geistlichen und für die Einsiedlerpfründe. Die Kirche erstrahlte in Folge im barocken Glanze. Die Deckengemälde zwischen reichem Stuck schuf der Innsbrucker Maler Michael Ignaz Mildorfer. Der Freskenzyklus berichtet aus dem Leben des hl. Martin von Tours. Nach dem Zweiten Weltkrieg ersetzte man den barocken Hochaltar durch einen schlichten*

Altar mit schmuckem Tabernakel mit Friedenstaube und Ölzweig auf einem Regenbogen als Zeichen des Friedens. Überragt wird der Altar von einem barocken Kreuz. Am linken Seitenaltar befindet sich die Gnadenstatue des hl. Martin. Aus der Zeit der Gotik sind die Fenster und die Strebepfeiler an der Apsis erhalten geblieben.
Vor der Wallfahrtskirche lädt ein hübscher Rastplatz unter einer mächtigen denkmalgeschützten Linde zur Jause ein. Wenige Schritte östlich der Gnadenstätte steht die kleine Kapelle zur Schmerzensmutter. Seit 1939 bewohnen die Tertiarschwestern des hl. Franziskus das angebaute Kloster.

Organisierte Wallfahrten: Fußwallfahrt von Thaur am 1. Mai als Bittgang für den Erntesegen. – Wallfahrt der Erstkommunionkinder von Fritzens. – Nachtwallfahrt der Milser Frauen einmal im Jahr. – Jugendwallfahrt mit den Don-Bosco-Schwestern von Baumkirchen.
Regelmäßige Gottesdienste: So 8.00 Uhr, Mo bis Sa 7.30 Uhr.
Kontaktadresse: Kloster St. Martin, 05223/52528

Am Weg: Der Farbentaler Hof auf einer einsamen Lichtung mit Blick auf den Gilfert.

Wir wandern auf der Landesstraße rund 100 m Richtung Osten und folgen beim Café Martinsstuben dem Schild

„Übers Farbental nach Fritzens, Nr. 8“ rechts hinunter. Beim letzten Haus weist uns die Beschilderung „Farbental“ nach rechts. Der Wanderweg leitet oberhalb des Baches durch den dichten Buchenwald bergab, ehe wir im Bereich des Farbentaler Hofes die offene Flur erreichen, um anschließend nochmals in den dichten Wald einzutauchen.
Auf dem breiten Weg wandern wir recht steil nach unten, überqueren eine Brücke und haben die ersten Häuser von Fritzens erreicht. An jener Stelle, wo der Farbentalweg in den Bärenbachweg übergeht, zweigt unsere Tour unbeschildert nach rechts ab. Wir überqueren auf der breiten Brücke den Bach und wandern auf der rechten Bachseite einen geschotterten breiten Wanderweg bergan. Vorbei an einem kleinen Wegkreuz schwenkt der Weg nun oberhalb des Tonwerkes Richtung Westen und vermittelt uns schöne Ausblicke auf das Inntal zwischen dem Kellerjoch und der Nockspitze. Wir wandern über eine Hangterrasse und durch den Wald nach Westen. Unvermittelt gibt der Wald unseren Blick auf Baumkirchen, den Inn und die Volderer Karlskirche im Hintergrund frei. Unser Weg mündet in den Riedfeldweg, den wir bis zum Kloster der Don-Bosco-Schwestern in Baumkirchen begehen, wo sich unsere Rundwanderung schließt.

(Tour 11) „Wo Menschen einander offen, herzlich und zärtlich begegnen, dort strahlt das Gold des Himmels herein.“ – Vorbei an der zweiten Station des Kolsasser Besinnungsweges.

Kolsass – Lourdeskapelle 11

„Empfangen", „Mitteilen", „Beheimaten", Loslassen" und „Wiederfinden" – so lautet die Botschaft der fünf Stationen zum freudenreichen Rosenkranz, die uns auf dem Besinnungsweg in modernen Formen nahegebracht wird. Die Lourdeskapelle versteht sich als Ort des Gebets, wie es oberhalb der Eingangstüre zum Ausdruck gebracht wird: „Meine Augen sollen offen sein und meine Ohren sollen merken auf das Gebet desjenigen, der da betet an diesem Orte."

Tourencharakter: Kurz durch Siedlungsgebiet; anschließend auf breitem Waldweg ohne nennenswerte Höhenunterschiede.
Gehzeit: 30 min
Höhenunterschied: 45 m
Beste Jahreszeit: Frühjahr bis Spätherbst
Ausgangspunkt: Pfarrkirche Kolsass, Parkplätze vorhanden
Rückkehr: auf demselben Weg
Variante: Weiter Richtung Merans und von dort zurück nach Kolsass. Von der Kapelle führt ein Wanderweg nach Wattens.
Auskunft: Tourismusverband Weer-Kolsass, 05224/68124
Karten: Österr. Karte Nr. 119 „Schwaz" , 1 : 50.000 oder Kompaß Wanderkarte Nr. 36 „Innsbruck – Brenner" , 1 : 50.000

Vom Kolsasser Kirchplatz aus wandern wir auf der Florian-Waldauf-Straße, die in den Meranser Weg übergeht, Richtung Kolsassberg bergwärts. Beim Dreifaltigkeitsbrunnen werden wir zum ersten Mal auf den Besinnungsweg verwiesen. Rund 200 Meter legen wir noch auf der bergan führenden Asphaltstraße zurück, um anschließend gemäß Wegweiser „Wattens, Lourdeskapelle, Besinnungsweg" nach rechts in einen Wanderweg einzubiegen. Die erste Station ist dem Begriff „Empfangen" gewidmet. Mit den Farben Rot, Gelb und Gold wird angedeutet, was wir von Gott empfangen dürfen, wenn wir uns ihm öffnen, nämlich Liebe (rot), Licht (gelb) und die Gewissheit, Ihm wertvoll zu sein (gold). Vorbei an einem winzig

„Mitteilen" – Zweite Station des Kolsasser Besinnungsweges.

Die Lourdeskapelle in Kolsass.

kleinen Weiher mit Bänklein wandern wir unter einem Blätterdach von Buchen und Holunderbüschen. Nur selten öffnet sich der Wald zum Blick ins Inntal. Im Bereich der fünften Station zweigen wir nach links Richtung Lourdeskapelle ab.

Die ***Lourdeskapelle****, errichtet in der Mitte des 19. Jahrhunderts von Kooperator Norbert Kraler, steht in einsamer Lage am Rande einer Lichtung. Im neuromanischen Baustil gehalten, beeindruckt das Kirchlein im Inneren durch den Altar mit Lourdesgrotte. Die Glasmalereifenster, die Architekur- und Dekorationsmalerei runden den würdigen Charakter der Gnadenstätte ab. Östlich der Kapelle, neben dem sehr schönen Marmorbrunnen mit polygonalem Becken und Brunnensäule, datiert 1858, laden Ruhebänke zur beschaulichen Rast ein.*

Bittgang Mi vor Christi Himmelfahrt. – Maiandacht am letzten Maisonntag, 13.30 Uhr hl. Messe. – Bittprozession am Pfarrpatrozinium (2. Juli), Ausgangspunkt: Pfarrkirche Kolsass. – Hl. Messe am Weihetag der Kapelle (16. Juli) um 19.30 Uhr.
Kontaktadresse: Pfarramt Kolsass, 05224/68233
Anmerkung: Begleithefte zum Besinnungsweg können zum Preis von 10.– Schilling vom Schriftenstand in der Pfarrkirche Kolsass entnommen werden.

Rundwanderung Matrei – Maria Waldrast (12)

„Unser Herr im Elend“ in der Matreier Pfarrkirche ist eine der wenigen Christus-Wallfahrtsstätten in Tirol und weist ein erhebliches Alter auf. Maria Waldrast, einer der bekanntesten Gnadenorte Tirols, ist jünger und doch von einer wechselvollen Geschichte geprägt. Im Bereich von Maria Waldrast wandern wir auf dem Quellenweg, der das Wipptal mit dem Stubaital verbindet.

Tourencharakter: Durch Siedlungsgebiet auf der Straße bis zur Mautstelle in Mützens; auf dem breiten Wald- bzw. Rodelweg nach Maria Waldrast. Zurück auf gut markiertem Waldsteig.
Gehzeit: 4–4½ Std.: Matrei – Maria Waldrast 2–2½ Std.; Quellenweg 1½–2 Std.
Höhenunterschied: 668 m
Beste Jahreszeit: Frühjahr bis Spätherbst
Ausgangspunkt: Pfarrkirche Matrei, Parkplätze im Ortszentrum.
Variante: Start beim Parkplatz in Mützens; Tour 30 min kürzer
Einkehr unterwegs: Mehrere Möglichkeiten in Matrei, Wallfahrtsgaststätte Maria Waldrast (auch im Winter geöffnet).
Auskunft: TVB Wipptal Matrei-Mühlbachl-Pfons, 05272/6278
Karten: Österr. Karte Nr. 148 „Brenner“, 1 : 50.000 oder Kompaß Wanderkarte Nr. 36 „Innsbruck – Brenner“, 1 : 50.000

*Die **Pfarr- und Wallfahrtskirche „Unser Herr im Elend“** geht urkundlich auf das Jahr 1311 zurück. Im Mittelpunkt der Wallfahrt steht die bekleidete Holzfigur „Unser Herr im Elend“ über dem Tabernakel, welche aus dem Beginn des 14. Jahrhunderts stammt. Die Legende dazu berichtet uns, dass ein Ritter namens Heinrich von Auffenstein das Gnadenbild aus dem Heiligen Land mitgebracht und in der Schlosskapelle von Trautson aufgestellt haben soll. Nachdem der Schmerzensmann in die Pfarrkirche gebracht worden war, wurde er vom gottlosen Herrn von Raspenbühel mehrmals geraubt und in die Sill geworfen. Immer wieder kehrte das Standbild auf wundersame Weise an seinen ursprünglichen Platz zurück, bis der ungläubige Frevler sich schließlich bekehrte. Die barockisierte Kirche beeindruckt durch den prächtigen Rokoko-Hochaltar und die aussagekräftigen Fresken.*

Dekanatswallfahrt am 3. Fastensonntag mit Wallfahrtsmesse um 15.00 Uhr.
Gottesdienste: So 9.00 und 19.00 Uhr.
Kontaktadresse: Pfarramt Matrei, 05273/6244

Vor der Pfarrkirche Matrei, die auf Pfoner Gemeindegebiet liegt, überschreiten wir die Sillbrücke und gehen auf der Ellbögner Landesstraße weiter Richtung Matrei. Wir überqueren die Brenner-Bundesstraße und zweigen sofort nach rechts, parallel zum Waldraster Bach ab. Vorbei am Hauptquartier Andreas Hofers im Jahre 1809 führt uns die asphaltierte Straße zur Mautstelle in Mützens. Rund 400 Meter nach der Mautstelle gabelt sich kurz vor der Blutschwitzerkapelle der Weg. Geradeaus führt der asphaltierte Güterweg nach Maria Waldrast; halbrechts zweigt der Wander- und Rodelweg ab. Kontinuierlich gehen wir auf diesem nun entlang des Baches der Beschilderung „Maria Waldrast" folgend bergauf, wobei uns die vierzehn Kreuzwegstationen in Terrakotta-Reliefs (1960) begleiten.

„Unser Herr im Elend", der „Matreier Schmerzensmann", gehört zu den bedeutendsten Gnadenbildern Tirols.

Der Wanderweg gabelt sich auf der Höhe der sechsten Kreuzwegstation und führt vor der neunten Station wieder zusammen. Weidende Kühe kündigen die nahe Almregion an. Im Bereich der elften Station öffnet sich der Blick auf die imposante Kulisse der Serles, der Kesselspitze und der Peilspitze. Ungefähr ein halber Kilometer trennt uns noch von unserem Ziel, der **Wallfahrtskirche Maria Waldrast**.
Zur Wallfahrtsstätte Maria Waldrast siehe Tour 13.

Rund 100 Höhenmeter oberhalb des Klosters, dort, wo der Legende nach im Jahre 1407 das Gnadenbild aus einem Lärchenstamm gewachsen war, befindet sich die so genannte ***Auffindungskapelle****. Von der Wallfahrtsstätte aus Richtung Gleinser Mähder führen Kreuzwegstationen zu der 1984 von*

der Landjugend Mühlbachl neu errichteten Kapelle hinauf. Von der Kapelle aus hat man einen herrlichen Blick auf die Klosteranlage Maria Waldrast.

Die Wallfahrtskirche Maria Waldrast mit Kloster und Gasthaus, in einmaliger Lage auf einem Sattel (1638 m) unterhalb der Serles (2717 m).

Unser Rückweg steht ganz im Zeichen der Quellen. Sowohl bei der Maria-Waldrast-Quelle als auch bei der Mutterwasser-Quelle befinden sich Kneipp-Anlagen. Der Maria-Waldrast-Quelle unmittelbar vor der Wallfahrtskirche wird besondere Heilwirkung zugesprochen, weist sie doch rechtsdrehendes Wasser auf. Von hier aus wandern wir ein Stück auf demselben Weg zurück, den wir gekommen sind. Uns zur Rechten breitet sich das Lange Tal aus, überragt von kalkigen Felszacken. Wir lassen den Wanderweg zur Matreier Ochsenalm – ein Teil des Quellenweges – rechts liegen und gehen auf dem Wallfahrerweg bergab bis zum offenen Kapellenstock mit der Darstellung des Erzengels Michael. Unmittelbar darunter befinden sich die „Siebenbrünndln". Hier nimmt der Mützner Bach seinen Ursprung. Vorbei am Almwasserbrunnen, benannt nach dem Almsegen, der früher an dieser Stelle erteilt wurde, gehen wir bergab, bis wir auf die Zufahrtsstraße nach Maria Waldrast stoßen. Hier verlassen wir den Wanderweg und gehen wenige hundert Meter auf dem Fahrsträßchen talwärts weiter. Links hinunter führt ein kleiner Abstecher zur Mutterwasser-Quelle, bevor wir einen weiteren offenen Kapellenstock neben der Straße erreichen. Kurz danach zweigen wir rechts auf den mit der Nr. 29 markierten Steig Richtung Trins ab.

Wir befinden uns nun auf dem Trinner Wallfahrerweg, den auch heute noch Gläubige aus Trins begehen. Bald schon tauchen wir tiefer in den Wald ein, lassen die Vaterwasser-Quelle rechts liegen und wandern am so genannten Toneweg bis zu einer Weggabelung bei einem uralten Marterl. Wir setzen unsere Wanderung auf dem Weg Nr. 3 geradeaus fort und gelangen nach wenigen Gehminuten zur Antoniuskapelle mit der Darstellung des hl. Franz von Assisi auf einer kleinen Lichtung mit Bänkchen. Der Weg führt nun auf einem Wiesensteig Richtung Matrei – Obfeldes. Von nun an orientieren wir uns an der Wegmarkierung Nr. 2 und begehen den Weg über die Mähder. Auf einem schmalen Steig durch jungen Wald geht's bergab. Es eröffnet sich ein herrlicher Blick ins obere Wipptal und wir erreichen den Brunnen bei der „Platze". Bald stoßen wir auf eine Forststraße, die wir überqueren, um auf dem Weg mit der Markierung roter Punkt in weißem Kreis weiter talwärts zu wandern. Wir orientieren uns an dem Wegweiser „Matrei über Obfeldes", überqueren nochmals die Forststraße und gelangen zu den Gehöften von Obfeldes. Von hier führt in 15 min Gehzeit ein asphaltiertes Bergsträßchen in prächtiger Aussichtslage vorbei an der Christler Quelle zum Wallfahrerweg in Mützens und zu unserem Ausgangspunkt zurück.

Im klassizistischen Gewande präsentiert sich das Äußere der Wallfahrts- und Klosterkirche Maria Waldrast.

Auf dem Miederer Kapellenweg

Rundwanderung Mieders – Maria Waldrast (13)

Noch stärker als die Pilgerwege auf der Wipptaler Seite sind die Wallfahrerwege, die vom Stubaital nach Maria Waldrast führen, von Kapellen gesäumt. Dem Miederer Weg entlang laden dreimal fünf Kapellen zu den Geheimnissen des Rosenkranzes zum Gebet ein, der Weg fällt aber auch durch verschiedene Legenden auf, die hier lokalisiert sind.

Tourencharakter: Nach Verlassen des obersten Siedlungsrandes relativ steil auf Waldsteigen bergwärts; in weiterer Folge auf breiten Forstwegen bei geringerer Steigung bis nach Maria Waldrast; auf dem Weg zum GH Sonnenstein teilweise steil bergab; im Anschluss daran auf bequemen Forstwegen mit mäßigem Gefälle zurück.
Gehzeit: 5 Std.; Mieders – Waldrast 3 Std.
Höhenunterschied: 741 m
Beste Jahreszeit: Spätfrühjahr bis Spätherbst
Ausgangspunkt: Pfarrkirche Mieders; Parkplätze im Ortszentrum
Variante: Mehrere Kombinationsmöglichkeiten: über den Talersteig nach Medraz (siehe Tour 14), über den Quellenweg nach Matrei (siehe Tour 12), über die Ochsenhütte und den Zirkenhof zurück nach Mieders. Verwendet man den Sessellift Mieders, 970 m – Koppeneck, 1630 m, verkürzt sich die Gehzeit nach Maria Waldrast um gut zwei Drittel.
Einkehr unterwegs: GH Maria Waldrast (auch im Winter geöffnet), GH Sonnenstein (bewirtschaftet von Ende Mai bis Oktober), mehrere Möglichkeiten in Mieders.
Auskunft: Tourismusverband Mieders, 05225/62530, 62150
Karten: Österr. Karte Nr. 148 „Brenner“, 1 : 50.000 oder Kompaß Wanderkarte Nr. 36 „Innsbruck – Brenner“, 1 : 50.000

Von der Pfarrkirche in Mieders gehen wir in östliche Richtung bis zum Dorfplatz mit dem Marienbrunnen, der ersten Begegnung mit einer Darstellung der Waldraster Muttergottes auf unserer Wanderung. Gemäß Wegweiser „Maria Waldrast – 3 Std.“ biegen wir nach rechts in die Dorfstraße ein und gehen in Richtung Café Bergkranz aufwärts. Nach dem ersten Kapellenstöcklein werden wir nach links verwiesen und wandern weiter bergwärts. Beim Sägewerk Gleinser behalten wir die Richtung bei, um im Anschluss daran in einer Weggabelung auf eine Kapelle zu stoßen, deren Außenfresko uns erneut die Bedeutung der Waldraster Muttergottes vor Augen führt. Wir wählen den rechten Weg, gehen zwischen den letzten Häusern hindurch und überqueren am Waldrand eine Brücke. Ein Hinweisschild verweist uns auf einen Forstweg nach links Richtung Maria Waldrast. Nach wenigen Metern gabelt sich der Weg erneut, hier wandern wir nach rechts Richtung „Kapellenweg Maria Waldrast".

Nun haben wir den eigentlichen Ausgangspunkt unserer besinnlichen Wanderung hinauf zur Gnadenmutter von Maria Waldrast erreicht. Unzählige Pilger haben diesen Weg schon beschritten, auch heute noch findet sich allmonatlich eine kleine Gruppe von Gläubigen, die rosenkranzbetend den Weg begeht. In 15 offenen Kapellenstöcken wird das Leben, das Leiden und die Auferstehung des Herrn gemäß den Geheimnissen des freudenreichen, des schmerzhaften und des glorreichen Rosenkranzes dargestellt. Der Weg ist gut beschildert und geht im unteren Teil nach einem Weidegatter nach links in einen steilen, hohlwegähnlichen Waldsteig (Nr. 15) über. Wir queren den Forstweg und die Lifttrasse des Serles-Liftes. Nach der sechsten Station verflacht der Weg etwas und wir kommen an einer Rastbank neben einem größeren Stein vorbei. Hier soll, so die Legende, die Gottesmutter auf ihrem Weg nach Maria Waldrast Rast gemacht haben. Ihr Fußabdruck sei auch heute noch auf dem Stein zu sehen.

Wir kreuzen verschiedene Wege (Forststraßen, Quellenweg, Verbindungsweg zum Gasthaus Sonnenstein) und haben bei der zehnten Station freie Sicht auf die Serles. Wenig später erreichen wir eine Quelle, das „Goldene Brünnl", von dem folgende Legende erzählt wird:

Ein Knecht nahm auf seinem Wege nach Maria Waldrast an dieser Quelle immer einen Schluck des guten Wassers zu sich. Als er einmal wie gewohnt einen Schluck Wasser nehmen wollte, befanden sich statt des Wassers Goldstücke in seiner Hand. Eine Stimme versicherte ihm, dass für ihn und seine Familie immer gesorgt sein werde, wenn er seine Bescheidenheit bewahre. Eines Tages nahm er bei seinem sonntäglichen Kirchgang nach Maria Waldrast einen kleinen Holzeimer mit, um damit „seinen Durst" an der Quelle zu stillen. Dieses Mal kam aber nicht Gold, sonder nur Wasser aus der Quelle. Von nun an musste der Bauersknecht wieder hart arbeiten, um sich seinen Lebensunterhalt zu verdienen.

15 Kapellenbildstöcke begleiten uns auf dem Weg nach Maria Waldrast. – 2. Station: Maria begegnet Elisabeth.

Wir setzen die Wanderung fort und haben bei der vierzehnten Station den höchsten Punkt erreicht. Nachdem wir ein Weidegatter hinter uns gelassen haben, gehen wir bis zur Wallfahrtsstätte Maria Waldrast kontinuierlich bergab. Nach der fünfzehnten und letzten Station haben wir die Möglichkeit, entweder direkt zur Gnadenstätte zu gehen oder zuerst nach links zur Auffindungskapelle (siehe Tour 12) abzubiegen.

***Maria Waldrast** zählt zu den größten und beliebtesten Wallfahrtsorten Tirols. Heute trägt die Kirche zu Waldrast ein klassizistisches Gewand; die ersten Spuren der Marienverehrung führen uns aber in das frühe 15. Jahrhundert zurück. Die Legende berichtet, dass zu Ostern des Jahres 1407 zwei Hirtenbuben aus Mützens in einer hohlen Lärche eine Marienstatue entdeckt haben (siehe Abb. S. 70). Im selben Jahr vernahm der Holzhacker Christian Lusch die Stimme der Muttergottes, die ihm auftrug, auf der Waldrast eine Kapelle zu bauen. Und in der Tat ist bereits im Jahr 1429 an dieser Stelle ein Gotteshaus nachgewiesen.*

Der Gnadenort erfreute sich ständiger und prominenter Förderer. So legte Erzherzog Leopold V., Landesfürst von Tirol, 1621 den Grundstein zum Bau eines Klosters und zum Umbau der Kirche. Die Betreuung der Wallfahrt wurde den Serviten anvertraut, die sich seit jeher der Marienverehrung ver-

schrieben hatten. 1667 stiftete Kaiser Leopold die prachtvolle Innenausstattung: Hochaltar, Seitenaltäre und Kanzel sind einheitlich in barockem Schwarz-Gold gehalten.

Organisierte Wallfahrten: Nachtwallfahrten von Mai bis Okt. am Herz-Jesu-Freitag (= 1. Fr im Monat); Ausgangspunkte: 9. Kreuzwegstation auf dem Weg von Matrei und Bergstation des Serlesliftes auf dem Weg vom Stubaital. – Verlobte Fußwallfahrt aus Patsch am Annatag (26. Juli). – Fußwallfahrten kleinerer Gruppen kommen regelmäßig von Trins (15. August) über den Trinner Steig Nr. 29, von Kampl über den Talersteig sowie von Fulpmes über den Fulpmerer Kreuzweg (siehe auch Pilgerinformation zu Tour 14).
Besondere Wallfahrtstage: Alle Marienfeste, die drei „Goldenen Samstage" nach dem Fest des hl. Michael, Sa u. So im Mai, Aug., Sept. und Okt.
Regelmäßige Gottesdienste: Tgl. am Morgen; Sa 15.00 Uhr; So 9.00 und 10.30 Uhr; von Mai bis Sept. um 15.00 Uhr.
Kontaktadresse: Servitenkloster Maria Waldrast, 05273/6219

Um unsere Rundwanderung fortzusetzen, gehen wir bis zur dreizehnten Station zurück und zweigen kurz davor gemäß Wegweiser „Sonnenstein, Fulpmes, Neustift" nach links in einen Hohlweg ein. Unmittelbar nach dem Kreuzungsbereich treffen wir auf eine vierzehnte Kreuzwegstation. In Folge verlieren wir auf diesem Weg sehr rasch an Höhe. Vorbei an einem Wegkreuz aus dem Jahre 1890, nähern wir uns dem Alpengasthof Sonnenstein, um wenige Meter vor diesem nach rechts in den Weg Nr. 16 Richtung Mieders einzubiegen. Wir überqueren den Mühlbach und wandern auf einem angenehmen Forstweg abwärts, der in den von oben kommenden „Quellenweg" einmündet. Bei der nachfolgenden Kreuzung verlassen wir in einer Linkskurve den „Quellenweg" und zweigen gemäß Wegweiser „Mieders" in den gegenüberliegenden Forstweg ein, der in seinem unteren Teil auf den „Kapellenweg" stößt. Somit hat sich der Kreis unserer Wanderung geschlossen. Die restlichen Meter legen wir wie beim Bergaufgehen zurück.

Rundwanderung Fulpmes – Maria Waldrast (14)

„Wer in Noth die Hilfe suchen will, der geht zur Muttergottes auf die Waldrast still. Ist das Anliegen groß oder klein, wird sie allezeit die treueste Mutter sein“, steht auf einem Marterl, datiert mit 1862, am Beginn des Fulpmerer Kreuzweges nach Maria Waldrast. Zahlreiche Menschen pilgern alljährlich den Kreuzweg nach Maria Waldrast hinauf, dessen künstlerische Gestaltung der Fulpmerer Maler Prof. Herbert Danler übernahm.

Tourencharakter: Breiter Waldweg, an manchen Stellen relativ steil; für den Talersteig (kann auf einem Forstweg umgangen werden) ist Trittsicherheit erforderlich.
Gehzeit: 6–7 Std.: Fulpmes – GH Sonnenstein 1½ Std., GH Sonnenstein – Maria Waldrast und retour je 1½ Std., Talersteig bis zur Blutschwitzerkapelle 1½ Std., Blutschwitzerkapelle – Fulpmes ½ Std.
Höhenunterschied: 782 m
Beste Jahreszeit: Spätfrühjahr bis Spätherbst
Ausgangspunkt: Die barocke Kreuzigungsgruppe an der Böschungsmauer der Stubaital-Bundesstraße gegenüber der Kleebrücke, der Haupteinfahrt nach Fulpmes.
Varianten: Die Blutschwitzerkapelle kann man auch über einen beschilderten Wanderweg von Fulpmes (Bushaltestelle Ruetzbach, Kohlstatt) aus erreichen. Oberhalb der Medrazer Stille (Parkmöglichkeiten am Wegesrand) besteht die Möglichkeit, in diesen Weg einzusteigen. Beim Einstieg nach links, oberhalb der 14. Kreuzwegstation befindet sich die Blutschwitzerkapelle. – Eine Alternative zum Talersteig stellt der Güterweg zwischen dem Gasthof Sonnenstein und der Medrazer Stille dar. – Weiters ist die Kombination mit den in Tour 13 (Mieders – Maria Waldrast) beschriebenen Wegen oder die Verwendung des Koppeneck-Liftes möglich.
Einkehr unterwegs: GH Sonnenstein, GH Maria Waldrast
Auskunft: Tourismusverband Fulpmes, 05225/62235, 62892
Karten: Österr. Karte Nr. 147 „Axams“ und 148 „Brenner“, 1 : 50.000 od. Kompaß-WK Nr. 36 „Innsbruck–Brenner“, 1 : 50.000

Von unserem Ausgangspunkt an der Stubaital-Bundesstraße führt ein mit „Maria Waldrast, Gasthof Sonnenstein“ beschilderter Waldweg in östliche Richtung empor. Vorbei am Kriegerfriedhof, überqueren wir den Ebnersteig und setzen die Wanderung entlang der Kreuzwegstationen fort. Kurz nach der dritten Station wird der Wanderer auf einen nach halblinks führenden Weg verwiesen, denn Hangrutschungen haben den ursprünglichen Weg, der durch einen Zaun gesperrt ist, verlegt. Nach dem Überqueren des Griesbaches zweigen wir sofort wieder nach rechts ab und gehen den schmäler gewordenen Waldsteig auf der orographisch rechten Seite des Baches in Kehren bergauf. Haben wir diesen Anstieg hinter uns gebracht, so verflacht sich der Weg etwas, um im Bereich der vierten Kreuzwegstation nach rechts in einen Forstweg einzubiegen. Zwischen der fünften und der sechsten Station weitet sich die Sicht nach Nordosten Richtung Mieders, Patsch und darüber hinaus. In weiterer Folge gelangen wir an eine Weggabelung, die wir rechts Richtung „Gasthaus Sonnenstein“ begehen; wenig später nimmt der Weg hohlwegähnlichen Charakter an. Beim Alpengasthof Sonnenstein wechseln wir auf den von Medraz herauffführenden Forstweg. Ein Wegkreuz aus dem Jahre 1890 lenkt unseren Blick auf sich, der Forstweg verschmälert sich zu einem breiten Steig, der im obersten Teil durchaus kräftigen Anstieg aufweist. In der Nähe der vierzehnten Kreuzwegstation vereinigt sich unser Weg mit dem Miederer Kapellenweg. Auf diesem Forstweg setzen wir unsere Wanderung bis **Maria Waldrast** fort.

Das Gnadenbild von Maria Waldrast, eine Marienstatue aus dem frühen 15. Jahrhundert, ist am Hochaltar aufgestellt.

Zu Maria Waldrast siehe Tour 13.

Fußwallfahrten an zwei der drei „Goldenen Samstage“, Treffpunkt 7.30 Uhr bei der Blutschwitzerkapelle oberhalb der Medrazer Stille, über Talersteig und GH Sonnenstein, 11.00 Uhr hl. Messe. – Herz-Jesu-Freitag von Mai bis Okt., abwechselnd je dreimal ab Blutschwitzerkapelle um 5.00 Uhr bzw. ab GH Sonnenstein um 6.30 Uhr, hl. Messe 8.00 Uhr. – Im Sommer monatlich über den Fulpmerer Kreuzweg. – Fulpmerer Pfarrwallfahrt im Sept./Okt. – Fußwallfahrt am 8. Dez. von Fulpmes aus.

Beginn des Fulpmerer Kreuzwegs nach Maria Waldrast.

Der Rückweg ist bis zum Gasthaus Sonnenstein mit dem Hinweg ident. Unmittelbar bei der Jausenstation biegen wir links in den mit „Kampl“ beschilderten Talersteig, einen traditionsreichen Wallfahrerweg mit Kreuzwegstationen, ein. Der schmale Waldsteig führt über Wurzelwerk hinweg. Nach heftigen Regenfällen kann der Pilger im Bereich des Griesbaches zwischen der 10. und der 9. Kreuzwegstation auch auf Hangrutschungen stoßen. Ein lohnender Blick ins hintere Stubaital und prächtige Ausblicke zurück auf die Gleinser Mähder, den Patscherkofel und den Raum Innsbruck entschädigen für den beschwerlichen Abstieg. Bei nassem Gelände oder mangelnder Trittsicherheit bietet sich der parallel zum Steig verlaufende Forstweg als Alternative an.

Endpunkt unserer Pilgerwanderung auf dem Talersteig ist die ***Blutschwitzerkapelle*** *oberhalb der Medrazer Stille. Die offene Kapelle aus dem Jahre 1769, gleichzeitig Zielpunkt eines Kreuzweges von Fulpmes herauf, beherbergt eine große Darstellung des blutschwitzenden Jesus am Ölberg. Zahlreiche*

Die große Votivtafelsammlung von Maria Waldrast bezeugt eindrucksvoll, wie lebendig die Wallfahrt ist.

Zeichen der Volksfrömmigkeit geben Zeugnis von der Lebendigkeit des Glaubens auch in unseren Tagen.

Vorbei an der 14. Kreuzwegstation gelangen wir zu einem Kreuzungspunkt im Wald. Rechter Hand sehen wir den Güterweg, der vom Gasthof Sonnenstein herunterführt. Nach wenigen Metern auf diesem Weg biegen wir, uns an den Kreuzwegstationen orientierend, rechts in den Ebner Steig ein. Wir befinden uns nun auf einem ebenen, breiten Weg oberhalb des Siedlungsrandes im Wald. Die Abzweigung des Kreuzweges nach Fulpmes im Bereich der 10. Kreuzwegstation lassen wir links liegen und wandern vorbei an einem schönen Aussichtspunkt auf Fulpmes in knapp 30-minütiger Gehzeit bis zum Kriegerfriedhof, wo sich der Kreis unserer Rundwanderung schließt. Von hier aus gelangen wir nach rund 5 min hinunter zur Kreuzigungsgruppe an der Bundesstraße.

Der Neustifter Besinnungsweg ins Pinnistal

15

„Gott zur Ehre, den Menschen zur Freude“, unter diesem Motto errichteten der Arbeitskreis „Kirche und Tourismus“ mit Friedl Stern, die Pfarre Neustift im Stubaital unter Pfarrer Edi Niederwieser und viele freiwillige Helfer und Spender vor wenigen Jahren den Neustifter Besinnungsweg. Dieser Steig am Eingang des Pinnistales erfreut sich bei Pilgern und Wanderern immer größerer Beliebtheit, so wurden im Jahre 1998 pro Monat schon durchschnittlich 1000 Besucher gezählt.

Tourencharakter: Steiler Aufstieg über Stufen und Serpentinen auf schmalen Steigen, etwas ausgesetzte Stellen bergab durch Zäune gesichert; zurück auf einem Güterweg.
Gehzeit: 3–4 Std. als Rundwanderung. Besinnungsweg 2–3 Std., 540 Stufen, fünf Kilometer.
Höhenunterschied: 400 m
Beste Jahreszeit: Spätfrühjahr bis Spätherbst
Ausgangspunkt: Neustift/Neder: Beim Hotel Forster (Schild „Besinnungsweg“) nach links in die schmale Fahrstraße ins Pinnistal abzweigen. Parkplätze entlang des Pinnisbaches.
Rückkehr: Auf dem Almweg von der Issenangeralm nach Neder.
Varianten: Der Besinnungsweg ist auch über einen Waldsteig von Fulpmes, Medraz und Kampl aus zu erreichen. – Almwanderungen, die von der Issenangeralm aus unternommen werden können: Elferhütte (2 Std.), Autenalm (2 Std.), Innsbrucker Hütte (2½ Std.), Karalm (1½ Std.), Pinnisalm (¾ Std.).
Einkehr unterwegs: Alpengasthof Issenanger, Herzebner Almwirt
Auskunft über den Besinnungsweg: Tourismusverband Neustift, 05226/2228, Arbeitskreis „Kirche und Tourismus“ (Leiter: Friedl Stern, Neustift) 05226/2555 oder 05225/62409. Faltblatt am Beginn und am Ende des Besinnungsweges, Broschüre beim Tourismusverband und in der Pfarrkirche Neustift erhältlich.
Karten: Österr. Karte Nr. 147 „Axams“ und 148 „Brenner“, 1 : 50.000 od. Kompaß-WK Nr. 36 „Innsbruck–Brenner“, 1 : 50.000

In Neustift/Neder schlagen wir den Wanderweg in das Pinnistal ein. Am Ende der Siedlung mündet der asphaltierte Weg in einen geschotterten Forstweg. Bald nachdem wir den Pinnisbach überschritten haben, treffen wir auf den Beginn des Besinnungsweges, der durch eine Steinsäule

Säule mit dem Relief der Jünglinge im Feuerofen am Beginn des Neustifter Besinnungsweges.

mit dem Relief der drei Jünglinge im Feuerofen – gleichsam das Logo des Pfades – gekennzeichnet ist.

Die geistige Idee des ***Neustifter Besinnungsweges*** *basiert auf der Geschichte der drei Jünglinge im Feuerofen (Dan 3,1-90). Hananja, Asarja und Mischael waren Gefährten des Propheten Daniel. Als sie sich weigerten, eine in der Ebene von Dura aufgestellte goldene Statue anzubeten, wurden sie in den Feuerofen geworfen, um dort qualvoll zu sterben. Doch der Engel des Herrn gesellte sich zu ihnen und sie stimmten den Lobgesang der Schöpfung an: „Preiset den Herrn, all ihr Werke des Herrn, lobt und rühmt ihn in Ewigkeit“, worauf sie unversehrt den Flammen entstiegen. Sieben vom Neustifter Bildhauer Hansjörg Ranalter geschaffene Wegstationen vertiefen diese Leitidee des Besinnungsweges.*

Über rund 200 Stufen gewinnen wir rasch an Höhe. „Herr, zeige mir deine Wege, lehre mich deine Pfade“, lesen wir auf der ersten von neun Schrifttafeln. Der Blick ist wahrhaftig auf den Pfad gerichtet, versperrt uns doch der Wald die Sicht in die Ferne.

Das Tosen des Gebirgsbaches unter uns umfängt uns. Der Wald verströmt den harzigen Duft der sonnendurchfluteten Nadelbäume. Bei jeder der sieben Stationen laden Rastbänke zum Meditieren ein. Unvermittelt wird der Blick auf den Hohen Burgstall frei: „In seiner Hand sind die Tiefen der Erde, sein sind die Gipfel der Berge." Allmählich öffnet sich der Wald zu den Kalkgiganten über dem Pinnistal. Wir haben die Hälfte des Weges und die höchste Stelle erreicht.

„Ruhm, Preis und Ehre sei dir, Christkönig, Erlöser", steht über dem Altar mit Kruzifix der kleinen Hauskapelle der Issenangeralm im Pinnistal.

Der Weg führt nun über gesicherte Steige und Treppen bergab. „Du lässt hervorsprudeln die Quellen zwischen den Bergen – Ihr Felsen und Bäche, preiset den Herrn." Wir queren einen Bach, der durch Rinnen und Schluchten zu Tale stürzt. Der Wald umfängt uns von neuem, und auf dem sanft gewellten Weg erreichen wir den krönenden Höhepunkt des Lobpreises, eine von zahlreichen Bänken umgebene weiße Steinskulptur. Wir überqueren eine Holzbrücke und sind bei der Kapelle der Issenangeralm am Ende des Besinnungsweges angelangt.

Den Rückweg treten wir auf dem mit „Neustift, Neder" beschilderten steilen Güterweg bergab an.

Links unten: „All ihr Werke, alle Engel, preiset den Herrn", lesen wir auf der Holzskulptur (rechts) in prächtiger Aussichtslage hoch über dem Pinnistal, überragt von den Kalkgipfeln rund um die Kirchdachspitze.

Auf eine Felsnase unter der Rötenspitze

16 *Gschnitz – St. Magdalena*

Exponiert auf einer Hangkante am Abhang der Rötenspitze steht die Wallfahrtskirche St. Magdalena. Der zu den ältesten Wallfahrtsstätten des Wipptales zählende Gnadenort weist mit seinen romanischen und gotischen Fresken kunsthistorische Kostbarkeiten auf.

Tourencharakter: Zuerst im schattigen Wald bei mäßiger Steigung, im letzten Drittel auf sonnendurchflutetem Hang steil bergauf.
Gehzeit: 1½ Std.
Höhenunterschied: 419 m
Beste Jahreszeit: Frühsommer bis Spätherbst
Ausgangspunkt: Pfarrkirche Gschnitz
Rückkehr: auf demselben Weg
Variante: Rückkehr auf dem Weg Nr. 52/52A, der auf der orographisch rechten Seite des Martairbaches Richtung Trins führt. Im unteren Teil Abzweigung nach links, um auf direktem Weg zum Talboden zu gelangen. Hier stoßen wir auf den Weg Nr. 50, der uns am Gschnitzbach entlang nach Gschnitz zurückbringt.
Einkehr unterwegs: Ehemalige Einsiedelei St. Magdalena, im Sommer bewirtschaftet.
Auskunft: Tourismusverband Steinach a. B., 05272/6270.
Karten: Österr. Karte Nr. 148 „Brenner", 1 : 50.000 oder Kompaß Wanderkarte Nr. 36 „Innsbruck – Brenner", 1 : 50.000

Von der Gschnitzer Pfarrkirche aus gehen wir rund 200 Meter auf der Landesstraße talauswärts und überqueren gegenüber der Raiffeisenkasse auf einer Holzbrücke den Gschnitzbach. Nach wiederum rund 200 Metern auf dem Wanderweg Nr. 52 bzw. 126 geht der breite Weg geradeaus in einen Steig über, der mit dem Wegweiser „St. Magdalena" beschildert ist. Der relativ sanft ansteigende Waldweg verläuft über viele Wurzeln und Steine, sodass man bei schlechtem Wetter oder feuchtem Grund ein wenig Obacht geben muss. Die Steigung bleibt gering, bis wir den Martairbach überqueren. Ab hier nimmt sie beträchtlich zu. Wenig später trifft unser Weg mit jenem, der von Trins bzw. Gschnitz/Ortsanfang heraufführt, zusammen. Unmittelbar danach stoßen wir wieder auf eine Weggabelung. Der Weg nach rechts führt auf das Muttenjoch (Nr. 126).

Rechte Seite: Der Pilgerpfad bietet faszinierende Ausblicke auf die Felsszenerie des Gschnitztales mit seiner von Bergbauern geprägten Kulturlandschaft.

Der Weg nach links (Nr. 52) begleitet uns Richtung St. Magdalena. In steilen Serpentinen zieht unser Wanderweg den sonnigen Berghang hinauf bis zur Kapelle.

Mit 1661 m Höhe zählt die ***Wallfahrtskapelle St. Magdalena*** *zu den höchsten Tirols. Wie in der Gschnitzer Pfarrchronik aus dem Jahre 1776 berichtet wird, bekam ein adeliger*

Die hl. Magdalena zu Gast im Hause des Pharisäers – Fresko aus der Mitte des 15. Jahrhunderts in der Wallfahrtskirche St. Magdalena in Gschnitz.

Herr den Auftrag, als Sühne für seine Lasterhaftigkeit an einem beliebigen Ort zu Ehren der heiligen Magdalena eine Kirche zu bauen. Als man an der Stelle der heutigen Kirche ein Bildnis der betenden heiligen Magdalena fand, wusste man, wo die Kirche gebaut werden sollte. Die urkundliche Ersterwähnung erfolgt bereits im Jahre 1307, und es gibt wenige Wallfahrtsorte in Tirol, die ein höheres Alter aufweisen. Die aus einem romanischen Bau hervorgegangene spätgotische Anlage entstand gegen Ende des 15. Jahrhunderts. Besonders erwähnenswert sind die Fresken, welche romanischen und gotischen Ursprungs sind.
Wallfahrtskirche und Gaststätte sind unter einem Haus vereinigt. In früheren Zeiten befand sich nämlich in den Räumlichkeiten der heutigen Gaststätte eine Einsiedelei.

Wallfahrt mit hl. Messe am 22. Juli von Trins und Gschnitz aus.
Kontaktadresse: Pfarramt Trins/Gschnitz, 05276/216

Von Patsch auf das Magdalena-Bergl

Patsch – Mühlbachl – Steinach – St. Magdalena (17)

Mit dem Gebet um Gesundheit, Freude und Frieden in ihren Familien und ihrer Gemeinde begeben sich alljährlich zahlreiche Patscher und Patscherinnen auf den langen Weg aufs Magdalena-Bergl im Gschnitztal. Im Jahre 1995 wurde diese traditionsreiche Wallfahrt wieder neu belebt und erfreut sich heute regen Zuspruchs.

Tourencharakter: Auf Straßen und Wanderwegen
Gehzeit: rund 8 Std.
Höhenunterschied: 680 m
Zeit: Erster Samstag im September
Ausgangspunkt: Pfarrkirche Patsch
Rückkehr: Wird auf Wunsch organisiert
Einkehr unterwegs: St. Magdalena, GH Alpenrose in Gschnitz.
Auskunft für die Wallfahrt: Gertraud Töchterle, 0512/379790
Karten: Österr. Karte Nr. 148 „Brenner“, 1 : 50.000 oder Kompaß Wanderkarte Nr. 36 „Innsbruck – Brenner“, 1 : 50.000

Jährlich am ersten Samstag im September um 3.00 Uhr treffen sich Patscher Pilger vor ihrer Pfarrkirche zur gemeinsamen Fußwallfahrt aufs Magdalena-Bergl im Gschnitztal. Der Zug pilgert auf der Ellbögner Landesstraße durchs verschlafene Wipptal bis Mühlbachl, wo man die Talsohle der Sill erreicht. Von Matrei geht's auf der alten Brenner-Bundesstraße nach Steinach. Um ca. 7.00 Uhr treffen die Wallfahrer hier ein und halten zum Frühstück ihre erste Rast. Nun beginnt der wohl schönste Wegabschnitt der Wallfahrt. Die aufgehende Sonne im Rücken, wandert die Pilgergruppe entlang des Gschnitzbaches taleinwärts. Vorbei an der Annakapelle in Trins führt der angenehme Wanderweg taleinwärts. Am östlichen Ortsbeginn von Gschnitz zweigt der Wandersteig nach St. Magdalena links ab und leitet die Wallfahrer steil hinauf zur Wallfahrtskapelle. Um 11.30 Uhr halten sie in der Gnadenstätte eine Andacht und steigen nach „seelischer und körperlicher Labung“ in rund 1 Std. Gehzeit nach Gschnitz ab, wo die Wallfahrt mit dem gemütlichen Beisammensein im Gasthof Alpenrose ausklingt.
Zur Wallfahrtskapelle St. Magdalena siehe Tour 16.

18 *Rundwanderung Schmirn – Kalte Herberge*

Die Kalte Herberge ist ein recht junger Gnadenort. Er geht auf die Zeit der Aufklärung zurück, die den Wirtschaftsaufschwung betonte und Verinnerlichung hintanstellte. Die Schmirner, allen voran Franz Riedl aus Toldern, trotzten diesem modernen Zeitgeist, gründeten eine Christenlehr-Bruderschaft mit dem Ziel der Weiterbildung im Glauben, des Lesens und Verbreitens guter Bücher sowie der Kinder- und Jugendseelsorge und vergrößerten die Wallfahrtskirche zur Kalten Herberge gleich dreimal: 1773, 1810 und 1838. Heute soll der Kreuzweg und der Besuch der „Schutzmantel-Madonna" zum Nachdenken und zur Umkehr einladen.

Tourencharakter: Kreuzweg zum Teil durch Siedlungsgebiet, ab der 9. Station auf einem Forstweg bergan. Als Rundwanderung auf bequemen Forstwegen mit mäßiger Steigung bzw. Gefälle.
Gehzeit: 3–4 Std.; bis zur Kalten Herberge 30 min
Höhenunterschied: 290 m
Beste Jahreszeit: Spätfrühjahr bis Spätherbst
Ausgangspunkt: Pfarrkirche Schmirn; Parkplätze vorhanden
Variante: Denselben Weg zurück oder die Rundwanderung über die Verbindungswege Nr. 71, 68 oder 67 abkürzen.
Einkehr unterwegs: Gasthof Jenewein, 10 Gehminuten von der Pfarrkirche auf der Landesstraße talauswärts.
Auskunft: Tourismusverband Steinach am Brenner, 05272/6270
Karten: Österr. Karte Nr. 148 „Brenner", 1 : 50.000 oder Kompaß Wanderkarte Nr. 36 „Innsbruck – Brenner", 1 : 50.000

Ausgangspunkt des Kreuzweges ist die Pfarrkirche in Schmirn (1407 m). Wir wandern rund 100 Meter taleinwärts und gelangen auf der mit „Kalte Herberge" beschilderten Straße rechts über den Bach, wo sich auch die erste Kreuzwegstation befindet. Entlang der ersten acht Kreuzwegstationen führt die asphaltierte Gemeindestraße durch die Holzebensiedlung, bei einem Gatter mündet sie in den Forstweg zur Kalten Herberge ein. Kurz vor der neunten Station vereinigt sich unser Weg mit jenem Kreuzweg, der von Toldern heraufführt. Nach rund 15 min, vorbei am kleinen „Friedensteich", haben wir die

Die Wallfahrtskapelle zur Kalten Herberge mit Blick taleinwärts.

Wallfahrtsstätte zur Kalten Herberge (1569 m) erreicht. Knapp oberhalb der Wallfahrtskapelle, dort wo eine Quelle entspringt, stand bis 1972 der „heilige Baum". Aus dem Stamm des umgestürzten Baumes schnitzte man ein Muttergottesbild und errichtete eine kleine offene Kapelle, die auch als die 15. Station des Kreuzweges gilt: „Jesus steht von den Toten auf". Auferstehung heißt hier: Gott bringt den abgestorbenen Stamm wieder zum Grünen, dass er Zweige treibt, aufblüht und Früchte bringt.

Ein Baum, eine Quelle und ein Bild – die drei uralten Symbole einer Marienwallfahrt finden sich auch in der ***Wallfahrt zur Kalten Herberge****. Ein Bauer ging in den Winterwald, so berichtet die Legende, um Holz zu fällen. Auf einmal sah er unter einem Baum im Schnee eine Frau mit ihrem Kindlein auf dem Arm sitzen. Voller Staunen und Mitleid rief er aus: „Frau, hast du aber da eine kalte Herberge!" Für die Schmirner war klar, dass diese Frau die Muttergottes gewesen sein musste, und sie errichteten ihr unterhalb des Baumes eine Kapelle – eine würdigere Herberge.*

Die schlichte Kapelle stammt in ihrer heutigen Form aus dem Jahre 1838, wie wohl bereits 1730 an diesem Platz eine erste Kapelle stand. Signifikant wirken die Vorhalle, der Glockenturm und der abgestufte Baukörper, der von einem geschindelten Dach bedeckt wird. Im Inneren dominieren die farbenfrohen Glasmalereifenster aus der Mitte des 19. Jahrhunderts, welche Szenen aus dem Leben Mariens darstellen. Am neubarocken Altar finden wir ein Mariahilf-Bild vor.

Muttergottes mit Kind in der Baumkapelle bei der Kalten Herberge.

Fußwallfahrten von Mai bis Okt. jeweils am 13. des Monats mit dem Gebet um Priesterberufungen. – Feierlicher Bergsegen am 26. Juli (Annatag). Ausgangspunkt: jeweils die erste Kreuzwegstation in Toldern und Schmirn. – Eine Broschüre zur Kreuzwegandacht ist in der Pfarrkirche Schmirn erhältlich.
Kontaktadresse: Pfarramt Schmirn, 05279/5435

Unterhalb der Gnadenstätte vorbei führt der gut markierte, breite Forstweg Nr. 70 talauswärts in die Abgeschiedenheit oberhalb des Schmirntales. Immer wieder werden wir mit einer herrlicher Fernsicht auf die Stubaier Alpen belohnt. An mehreren Stellen queren Verbindungssteige (Nr. 71, Nr. 68 und Nr. 67) unseren Weg. Wir behalten die Richtung talauswärts bei und verlieren nach gut 5/4 Stunden Gehzeit über Serpentinen rasch an Höhe. Knapp vor Erreichen der Schmirntal-Straße verlassen wir den Weg Nr. 70 und zweigen nach rechts in den Weg Nr. 69 ein. Vorerst geht es in einem Zug bergauf, bis wir zur Kreuzung mit dem 68er-Weg gelangen. Hier beginnt sich der Weg zu verflachen, und erneut stoßen wir auf die querenden Steige. Der Schmirner Pfarrkirche entgegen wandernd, verlieren wir rasch an Höhe und biegen wenig später in den asphaltierten Siedlungsweg der Holzebensiedlung nach links ein. Bereits an dieser Stelle hat sich der Kreis unserer Rundwanderung geschlossen. Verbleibt uns nur noch, die letzten Meter zur Schmirner Pfarrkirche talwärts zu gehen.

Sellrain/Tauegert – St. Quirin 19

Dieser Kreuzweg führt uns über Wiesen auf direktem Weg von der Sellrainer Gemeindegrenze hinauf nach St. Quirin. Prächtige Ausblicke auf das Inntal, die Kalkkögel und die Sellrainer Berge lohnen den Anstieg. Markant und weithin sichtbar erhebt sich die älteste Kirche des Sellraintales auf dem Nordabhang des Rosskogels.

Tourencharakter: Teilweise steil ansteigender Wiesenpfad
Gehzeit: 30 min
Höhenunterschied: 160 m
Beste Jahreszeit: Frühjahr bis Spätherbst
Ausgangspunkt: Sellrain/Tauegert an der Verbindungsstraße Oberperfuß – Sellrain. Parkmöglichkeit entlang der Straße.
Rückkehr: Denselben Weg oder von St. Quirin auf der Straße nach Sellrain hinunter bis zur Verbindungsstraße nach Oberperfuß. Hier nach links nach Tauegert zurück. Somit kann man die Wanderung zu einer Rundwanderung ausweiten.
Einkehr unterwegs: Mehrere Gasthöfe in Sellrain und Oberperfuß
Auskunft: Tourismusverband Sellrain, 05230/244
Karten: Österr. Karte Nr. 147 „Axams", 1 : 50.000 oder Kompaß Wanderkarte Nr. 36 „Innsbruck – Brenner", 1 : 50.000

Nachdem wir von Oberperfuß kommend die Ortstafel von Sellrain hinter uns gelassen haben, zweigt bei einem Bauernhof zur rechten Hand der Kreuzweg (beschildert) nach St. Quirin ab. Anfänglich geht's auf einem Güterweg an den letzten Häusern einer kleinen Siedlung vorbei, in weiterer Folge verengt sich der Güterweg zu einem Wiesenpfad. Kurz vor der ersten Kreuzwegstation, die bei einem Stadel errichtet wurde, beginnt der kontinuierliche Anstieg. Immer wieder überschreiten wir kleine Bäche, der Weg führt uns zwischen offener Wiese und Stadeln bergauf zu einem Paarhof. Zwischen Bauernhaus und Wirtschaftsteil gehen wir hindurch und haben nach wenigen Metern die Wallfahrtskirche erreicht.

*Die **Wallfahrtskirche St. Quirin** ist die älteste Kirche des Sellraintales und wird 1391 als „schon lange bestehend" erstmals urkundlich erwähnt. Der Legende nach wurde das*

Der Kreuzweg nach St. Quirin führt vorbei an einer prächtigen Stadellandschaft, die Einblicke in das bäuerliche Leben am Steilhang über Sellrain gewährt.

Kirchlein von dankbaren Bauern errichtet, die die Pest überlebt hatten. Sie spannten einen starken Ochsen vor einen Holzstamm, aus dessen Holz ein Kreuz für die Kirche gefertigt werden sollte. An jener Stelle, an der das Tier zum ersten Mal stehen bliebe, sollte die Kirche gebaut werden.

Die heutige Kirche ist ein spätgotischer Bau, der in den Jahren 1487 bis 1496 entstand. Das steile Satteldach, der Turm mit Eckquaderbemalung und die in der Mitte des 19. Jahrhunderts hinzugefügte Vorhalle bestimmen das Äußere der Kirche. Vor allem die spätgotischen Rankenmalereien und Netzrippen stellen das gestaltende Merkmal im Inneren der Kirche dar. Am Hochaltar befindet sich die Statue des heiligen Quirin. Die Wallfahrt bezieht sich aber nicht nur auf den heiligen Quirin, sondern auch auf die beiden Gnadenbilder, die in der Vorhalle stehen: eine barocke Pieta und Christus an der Geißelsäule („Unser Herr im Elend“).

Festmesse am 30. März um 9.00 Uhr (St.-Quirins-Tag); Festgottesdienst am Montag nach dem Kirchweihtag, der jährlich am dritten Sonntag im Oktober gefeiert wird.
Regelmäßige Gottesdienste: 14-tägig; von Mai bis Ende Sept. um 19.00 Uhr; von Okt. bis nach Ostern um 16.00 Uhr.
Kontaktadresse: Pfarramt Sellrain, 05230/266

Der Zirler Kalvarienberg

Zirler Pfarrkirche – Kalvarienbergkirche 20

Die Zirler Kalvarienbergkirche steht auf einem steilen Felsen über der Ehnbachklamm und ist überall vom Talgrund aus zu sehen. Sie beherbergt während der Fastenzeit eine der ganz seltenen Papierfastenkrippen Tirols, was die Bedeutung von Zirl als Krippendorf unterstreicht.

Tourencharakter: Zuerst durch Zirl Richtung Umfahrungsstraße, anschließend auf einem Wandersteig durch den Föhrenwald zur Kalvarienbergkirche.
Gehzeit: knapp 1 Std.
Höhenunterschied: 80 m
Beste Jahreszeit: Frühjahr bis Spätherbst, bei wenig Schnee auch im Winter.
Ausgangspunkt: Pfarrkirche Zirl. Südöstlich der Kirche befindet sich genügend Parkraum.
Rückkehr: auf demselben Weg
Varianten: Start bei der Umfahrungsstraße (kaum Parkmöglichkeit). Die Wanderung verkürzt sich dabei um ein gutes Drittel. – Für den Rückweg: Für trittsichere Berggeher findet sich auf der Nordseite der Kirche der Einstieg in den Pfad, der in Serpentinen hinunter in die Ehnbachklamm führt. Am Bach entlang zwängen wir uns durch die kurze Klamm. An einem im Felsen verankerten Stahlseil können wir uns festhalten, bachseitig gibt es keine Absicherung. Am Ende der Ehnbachklamm zweigen wir nach rechts ab und betreten einen getreppten Weg, der uns zum Kriegerdenkmal zurückbringt.
Einkehr unterwegs: Mehrere GH in Zirl, Pizzeria Claudia am Weg
Auskunft: Tourismusverband Zirl, 05238/52235
Karten: Österr. Karte Nr. 117 „Zirl“, 1 : 50.000 oder Kompaß Wanderkarte Nr. 26 „Karwendelgebirge“, 1 : 50.000

Von der Zirler Pfarrkirche, in der früher das Gnadenbild „Maria vom Guten Rat“ verehrt wurde, wandern wir Richtung Norden über die Kirchgasse bis zur Bundesstraße, die durch den Ort hindurchführt, und überqueren diese, um sofort wieder nach rechts, vorbei am Heimatmuseum zur linken Hand, in die Mühlgasse einzubiegen. Die Mühlgasse ist auch heute noch von einer Reihe von Bauernhöfen flankiert, die von der Gasse aus erschlossen werden. Wir unterqueren die Brücke der Zirler-Berg-Straße, sehen links den Schlossbach und gehen auf dem asphaltierten

Weg, der uns Richtung Hochzirl führt, noch ungefähr 100 Meter weiter. Gemäß Wegweiser zweigen wir zuerst nach rechts ab, um anschließend zur linken Hand einen Kinderspielplatz zu durchschreiten, an dessen verlängertem Ende die Mutter-Anna-Kapelle steht. Wenig später treffen wir auf die erste Kreuzwegstation. Vorbei am Denkmal für die Gefallenen der beiden Weltkriege schlängelt sich der Kreuzweg nach oben. Der Weg ist talseitig durch einen Zaun gesichert, Stufen erleichtern das Gehen.

Die offene Kreuzkapelle auf dem Zirler Kalvarienberg.

Am Ende des Kreuzweges gelangen wir zur offenen Kreuzkapelle und zur ***Kalvarienbergkirche****, die der schmerzhaften Muttergottes geweiht ist. Auf der Südseite der Kirche befindet sich die Grabkapelle. Im Jahr 1771 wurde hier auf dem Einsiedelbödele eine erste hölzerne Kreuzkapelle errichtet. Die zwischen 1803 und 1805 vom Einsiedler Thomas Tiefenbrunner erbaute Kirche ruht auf den Fundamenten dieser Kapelle. Den aus der zweiten Hälfte des 18. Jahrhunderts stammenden barocken Altar erwarb er vom Stift Stams.*

Rechte Seite: Ausgangspunkt des besinnlichen Weges auf den Zirler Kalvarienberg sind die Bildsäule zum „Guten Hirten“ (links) und die 1652 errichtete Mutter-Anna-Kapelle.

In der Fastenzeit jeden Mi und Fr um 19.30 Uhr Kreuzweg beginnend bei der 1. Station, anschließend hl. Messe. – Karfreitag: geschlossener Kreuzweg der Pfarrgemeinde um 15.00 Uhr. – Bittgänge an allen drei Bitttagen vor Christi Himmelfahrt jeweils um 19.30 Uhr von der Pfarrkirche Zirl aus.
Kontaktadresse: Pfarramt Zirl, 05238/53878

21 *Oberhofen – Freinademetz-Kapelle – Kohlerkapelle*

Wallfahrtsziele, aber auch die Formen des Wallfahrens können sich ändern. Die Kohlerkapelle in Oberhofen, seit 300 Jahren ein lokaler Wallfahrtsort, ist heute das Ziel einer großen Traktorenwallfahrt. Jedes Jahr am Sonntag nach Jakobi fahren die Oberhofer Bauern mit ihren Traktoren zur Kohler-Muttergottes, um dafür zu bitten, bei ihrer Arbeit von Unglück verschont zu bleiben.

Tourencharakter: Zuerst auf Dorfstraßen durch Oberhofen, anschließend auf einem Wanderweg durch Fichtenwald bergauf.
Gehzeit: 2–3 Std.
Höhenunterschied: 501 m
Beste Jahreszeit: vom Frühjahr bis Spätherbst
Ausgangspunkt: Pfarrkirche in Oberhofen, Parkplatz hinter dem Gemeindeamt.
Rückkehr: auf demselben Weg
Variante für den Rückweg: Oberhalb der Kohlerkapelle über den Kanzingbach und talwärts über Flaurlingberg nach Flaurling (sehenswerter Kalvarienberg). Auf Flurwegen nach Oberhofen zurück. Die Wanderung verlängert sich dabei um gut 1 Std.
Einkehr unterwegs: Café Mundeblick abseits des Weges
Auskunft: TVB Oberhofen, 05262/62747-15. – Im Gemeindeamt ist die interessante Broschüre „Wegzeichen und Kapellen, ein Rundgang durch Oberhofen im Inntal" erhältlich.
Karten: Österr. Karte Nr. 117 „Zirl", 1 : 50.000 oder Kompaß Wanderkarte Nr. 36 „Innsbruck – Brenner", 1 : 50.000

Wir wandern von der St.-Nikolaus-Pfarrkirche, in welcher 1913/14 der sel. Pfarrer Otto Neururer gewirkt hat, über die östliche Ortseinfahrt durch das bäuerliche Oberhofen Richtung Hangschulter. Wir kommen am Gemeindeamt vorbei und unterqueren die Bahntrasse für Fußgänger. Die Richtung entlang der „Gasse" behalten wir strikt bei, überqueren die Landesstraße und wandern bergwärts zum „Reasnhof", wo uns die Wanderwegtafeln Richtung „Oberhofer Alm, Kohlerkapelle" verweisen. Linker Hand erblicken wir bald die Freinademetz-Kapelle, der wir einen Besuch abstatten.

*Die vom gesamten Talgrund aus sichtbare **Freinademetz-Kapelle** geht auf ein Gelübde von Anton Lechner aus der Zeit vor* *dem Zweiten Weltkrieg zurück, wurde aber erst 1992 errichtet. Pater Josef Freinademetz aus dem Südtiroler Gadertal war Missionar in China und wurde im Jahre 1975 von Papst Paul VI. selig gesprochen.*

Regelmäßig kommen Wallfahrer aus nah und fern das ganze Jahr über. Bei Gruppenwallfahrten wird die Anmeldung erbeten. Zweimal jährlich hl. Messe. Jeden 3. Mi im Monat von März bis Nov. Rosenkranz mit Gebet um Priesterberufe um 15.00 Uhr. *Kontaktadresse:* Anton Lechner, 05262/66508

Vor der großen Plastik des seligen Josef Freinademetz im Inneren der Kapelle stehen häufig Blumen und viele brennende Kerzen.

Vorbei an der hübschen Hornbachkapelle, wo ein Stück abseits des Weges eine Gedenkstätte an den Altlandeshauptmann Eduard Wallnöfer erinnert, der hier viele Jahre seiner Kindheit verbrachte, wandern wir bald auf breiten Forstwegen durch den dicht bestandenen Fichtenwald Richtung „Oberhofer Galtalm" bergauf. Nach rund einstündiger Gehzeit werden wir nach links Richtung „Kohlerkapelle" verwiesen. Wir ziehen an den Bildtafeln für die Armen Seelen und für einen verunglückten Oberhofer vorbei – Zeichen tiefer Volksfrömmigkeit, wie sie in Tirol häufig zu sehen sind – und erreichen die Magdalenen-Grotte, eine in den Fels gehauene überdachte Nische mit der Statue der heiligen Maria Magdalena. Hoch oberhalb des Kanzingbaches pilgern wir weiter bergauf und überqueren kurz vor Erreichen der **Kohlerkapelle** den Bach aus dem Murental, der in den Kanzingbach mündet.

Der Name „Kohler" bezieht sich auf eine ehemalige Köhlerei, die Holzkohle für die Schmiede in Oberhofen herstellte. Warum in so exponierter Lage auf 1123 m Seehöhe diese Kapelle

steht, ist auf einem hölzernen Votivbild dargestellt, dessen Original im Widum zu Oberhofen aufbewahrt ist: „Anno 1693 am 12. Februar traf das Unglück, unter eine Schneelawine zu kommen, Johann Staudacher und seine 2 Söhne, (die) aber auf Fürbitte Mariens glücklich gerettet wurden. Zum Dank erbaute er diese Kapelle zu Ehren Mariens.“ In der Folge erlebte die „Kohler-Muttergottes“ einen ungeahnten Zulauf, im 20. Jahrhundert wurden die Bittgänge dorthin aber abgeschafft. Im Jahre 1967 initiierte der Oberhofer Pfarrer Heinz Sokopf erstmals eine Traktorenprozession, und mit dieser neuen „Bittform“ wurde der alte Wallfahrerbrauch wiederbelebt.

Die rund 300 Jahre alte Kohlerkapelle ist eine beliebte Marienwallfahrtsstätte.

Wallfahrtsmesse und Traktorensegnung bei der Kohlerkapelle.

Traktorenwallfahrt am So nach Jakobi (25. Juli) mit hl. Messe.
Kontaktadresse: Pfarramt Oberhofen, 05262/62490

Der Weg des Friedens

Telfs-St. Georgen – Birkenberg – Mösern (22)

1648 wurde im Westfälischen Frieden der schreckliche 30-jährige Krieg beendet. Noch im selben Jahr weihte der Brixner Weihbischof Jesse Perkhofer die Wallfahrtskirche zu Birkenberg zu Ehren „Mariahilf". Des Friedens wollen wir auf dieser Wanderung besonders gedenken, führt sie uns doch zur Friedensglocke des Alpenraumes. Deren imposante Maße können gar nicht groß genug sein, um der Bedeutung des Friedens gerecht zu werden.

Tourencharakter: Auf Gemeindewegen bis zum Siedlungsrand des Telfer Ortsteils St. Georgen; anschließend auf dem Kreuzweg nach Birkenberg; teilweise auf guten Forstwegen, im oberen Teil auf Waldsteigen bis Mösern kontinuierlich ansteigend.
Gehzeit: 2–3 Std.
Höhenunterschied: 510 m
Beste Jahreszeit: Frühjahr und Herbst; im Sommer etwas heiß
Ausgangspunkt: Auferstehungskirche im Telfer Ortsteil St. Georgen; Parkplätze vorhanden.
Rückkehr: denselben Weg oder mit dem Bus
Variante: Fortsetzung des Weges nach Seefeld (siehe Tour 23)
Einkehr unterwegs: Mehrere Möglichkeiten in Telfs und Mösern, Restaurant Stefan in Bairbach auf halbem Wege.
Auskunft: Tourismusverband Telfs und Umgebung, 05262/62245
Karten: Österr. Karte Nr. 116 „Telfs" und 117 „Zirl", 1 : 50.000 od. Kompaß Wanderkarte Nr. 36 „Innsbruck – Brenner", 1 : 50.000

Von der modernen Auferstehungskirche in Telfs-St. Georgen wandern wir auf der Gemeindestraße bergwärts bis zur Tennisanlage in Unterbirkenberg. Hier geht es nun rechts über die Brücke und weiter den linken Weg bergauf Richtung Birkenberg. Dieser Weg ist für den öffentlichen Verkehr gesperrt. Die schmale Straße schlängelt sich unter dichtem Laubdach entlang den Kreuzwegstationen hinauf zum mächtigen Hof der Besamungsstation Birkenberg. Die Einfahrt zur Besamungsstation ist gleichzeitig unser Weg zur Wallfahrtsstätte.

*Die **Wallfahrtskirche Mariahilf am Birkenberg** unter der Hohen Munde ist vom Talboden aus weithin sichtbar. Der Legende nach habe ein Bauer aus dem nahe gelegenen Oberhofen*

versprochen, für die Kirche in Birkenberg zwei Glocken zu stiften. Nach der Fertigstellung des Baues wollte er aber nichts mehr davon wissen. Kurze Zeit später erblindete er. Nach einem neuerlichen Gelöbnis, die Glocken für das Kirchlein gießen zu lassen, wurde er wieder sehend. Als er aber sein Versprechen wieder nicht hielt, erblindete er erneut. Erst jetzt erkannte er das Erblinden als Strafe für das gebrochene Versprechen und ließ nun tatsächlich die versprochenen Glocken gießen. Nach der Glockenweihe hoffte der Bauer sein Augenlicht wieder zu erlangen, er blieb jedoch blind.

Kuppellaterne und Glockenturm des Mariahilf-Kirchleins am Birkenberg, ein harmonischer Zentralkuppelbau aus dem späten 17. Jahrhundert.

Die erste Kapelle auf dem „Pirchenbarg" wurde 1648 zu Ende des 30-jährigen Krieges erbaut und mit einer Kopie des Innsbrucker Mariahilf-Bildes versehen. Auf Grund des regen Zuspruches errichtete man 1692–98 den heutigen Bau.

Der Hauptaltar beeindruckt vor allem durch die Predellanische mit den geschnitzten Figuren der Kreuzgruppe und durch das Mariahilf-Bild, welches ein „Bild im Bilde" darstellt, scheint es doch von Engeln gleichsam gehalten zu werden. Der nördliche Seitenaltar ist der heiligen Notburga geweiht. Unterhalb des prunkvoll beschnitzten Altares befindet sich in einem verglasten Schrein eine Herz-Jesu-Darstellung mit Dornenkrone und Strahlenkranz. Der südliche Seitenaltar ist dem hl. Isidor geweiht. Gegengleich zum Herzen Jesu finden wir auf dieser Seite das von einem Schwert durchbohrte, rosenumwundene Herz Mariens. Zwischen dem Hauptaltar und dem linken Seitenaltar beeindruckt ein prächtiger Kanzelkorb aus dem Jahr 1770.

Patrozinium: Mariä Heimsuchung, 1. So im Juli: Festmesse um 11.00 Uhr. – Bittgang am Di vor Christi Himmelfahrt um 19.30 Uhr von der Auferstehungskirche in St. Georgen aus.
Kontaktadresse: Pfarramt Telfs, 05262/ 62265

Der prunkvolle Hochaltar von Andreas Thamasch aus Stams erstrahlt seit 1998 in neuem Glanz. Rechts oben sitzt das beliebte „Mohrele".

Rund 100 m nachdem wir das Kirchlein in östliche Richtung hinter uns gelassen haben, betreten wir Richtung „Kupf, Kochental, Brand, Buchen" einen leicht ansteigenden Forstweg. Wenig später zweigen wir rechts, Richtung Brand, auf einen schmalen Steig ab, der uns durch einen gepflegten Föhrenwald führt. Interessant sind die Ausblicke von der Hangkante dieses Steiges Richtung Brand, Kochental und Sagl. In Kehren zieht sich dieser Weg bis zur Talsohle hin. Dort, wo der Finsterbach aus dem Kochental die schluchtartige Verengung verlässt, überqueren wir auf einer kleinen Holzbrücke den Bach, gehen auf der gegenüberliegenden Talseite noch wenige Meter bergauf und betreten den von Sagl kommenden Forstweg, der uns nach Brand bringt. Ziemlich steil in rund zehn Minuten Gehzeit zieht dieser alte Weg nach Brand bergan.

Vorbei an einem Bauernhaus und der Martinskapelle zu Brand führt uns der Weg geradeaus Richtung Bairbach weiter. Rund 100 Meter nach der Kapelle steht auf der linken Seite ein mächtiges Kreuz mit einem überlebensgroßen Korpus, datiert 1921. An der nächsten Wegkreuzung, bei der sich ein schlichtes Wegkreuz und eine Wildfütterungsanlage befinden, biegen wir nach rechts, Richtung Bairbach ab. Der Weg zieht sich nun recht flach durch Kiefernwald bis zur Einmündung des Weges in die Buchener Landesstraße, wo wir ein kleines Stück auf dem Gehsteig weiterwandern müssen. Vorbei am Restaurant Stefan, überqueren wir unmittelbar nach der Bushaltestelle die Straße und schlagen den talseitig gelegenen Forstweg ein, der uns unterhalb der Möserer Landesstraße an einem Bauernhof mit Kapelle vorbeiführt. An der nun folgenden Weggabelung halten wir uns halblinks, Richtung Mösern. Wir steigen in etwa parallel zur Landesstraße, die wir zweimal queren, bergauf, kommen an der Möserer Kapelle vorbei, betreten rund 100 Meter unterhalb des Hotels „Inntaler Hof" die Landesstraße und zweigen unmittelbar unterhalb des Hotels nach rechts zur Friedensglocke ab.

Die Friedensglocke des Alpenraumes – die größte Glocke Tirols.

Von hier aus eröffnet sich uns eine herrliche Aussicht auf die zurückgelegte Wegstrecke. Unsere Fernsicht reicht weit über den Telfer Talkessel hinaus Richtung Westen.

Die ***Friedensglocke des Alpenraumes*** *im Telfer Ortsteil Mösern wurde 1997 anlässlich des 25-jährigen Bestehens der ARGE ALP, einer Gemeinschaft aus elf Alpenregionen, die sich auf vier Staaten verteilen, eingeweiht. Die Maße dieser Glocke mit einem Gewicht von über 12 Tonnen und einem Durchmesser von 2,54 Metern sind beeindruckend und werden der überragenden Bedeutung des Friedens gerecht. Täglich um 17.00 Uhr hört man den Klang der Glocke bis ins Inntal.*

Die Wallfahrt zum Heiligen Blut in der schönen gotischen Pfarrkirche von Seefeld geht auf das Jahr 1384 zurück. Der Fremdenverkehr hat in Seefeld also Tradition, finden wir doch im alten Seefelder Wallfahrtsbuch auch Dankberichte aus Schwaben und Bayern.

Tourencharakter: Durch Mösern auf dem Gehsteig bis zum Gföllbichl ansteigend, im Anschluss daran ohne nennenswerte Höhenunterschiede auf breiten Wanderwegen bis Seefeld.
Gehzeit: 1¼ Std.
Höhenunterschied: 100 m
Beste Jahreszeit: Frühsommer bis Spätherbst; auch im Winter geräumte Wanderwege zwischen Mösern und Seefeld.
Ausgangspunkt: Friedensglocke Mösern. Parkplätze vorhanden
Rückkehr: Mehrere beschilderte Wegvarianten oder mit dem Bus von Seefeld nach Mösern.
Variante: Kombination mit Tour 3 möglich
Einkehr unterwegs: Mehrere Gasthöfe in Mösern und Seefeld.
Auskunft: Tourismusverband Seefeld, 05212/2313
Karten: Österr. Karte Nr. 117 „Zirl“, 1 : 50.000 oder Kompaß Wanderkarte Nr. 36 „Innsbruck – Brenner“, 1 : 50.000

Von der Friedensglocke gehen wir, vorbei an der Möserer Kirche, der Landesstraße entlang durch den Ort, um bei der Kapelle am Gföllbichl nach rechts in einen Forstweg einzubiegen (Wegweiser „Gschwandkopf, Reith, Auland“). Nach rund 100 m führt ein Weg Nr. 4 nach links Richtung Seefeld. Dem Forstweg folgend unterqueren wir die Schlepplifttrasse des Seewaldalmliftes und haben auch fast schon den höchsten Punkt unserer Wanderung erreicht. Weiter nach Seefeld entweder auf dem so genannten „unteren Weg“ (Nr. 4), der sich über einen Waldpfad dem Talbecken nähert und später wiederum in einen Forstweg mündet, oder auf dem „Höhenweg“ (ebenfalls Nr. 4), der beim Sprungstadion wieder in den „Talweg“ einmündet. Egal wofür sich der Wanderer entscheidet, auf alle Fälle muss er das Sprungstadion umrunden, die wenigen Meter zur Talstation des Gschwandkopfliftes zurücklegen, den Parkplatz rechter Hand überqueren und die Unterführung

der Landesstraße benützen, um anschließend zum Seekirchlein zu gelangen.

Das ***Seefelder Seekirchlein****, dem Heiligen Kreuz geweiht, führt seinen Namen deshalb, weil sich unterhalb des Kirchleins früher ein künstlich angelegter See befunden hat. Zwei Fresken im Inneren der Kirche geben Aufschluss über das Entstehen der Gnadenstätte. Auf dem einen sehen wir, wie eine Frau vor einem Kreuz im Friedhof zu Seefeld betet. Dabei hörte sie, so die Legende, die Stimme Gottes, der zu ihr sagte: „Deine Sünden sind dir vergeben wie dem Schächer am Kreuz – komme wieder!“ Später wurde dieses Kreuz am Dorfeingang von Seefeld, und zwar an der Stelle des heutigen Seekirchleins, aufgestellt. Dem zweiten Fresko entnehmen wir, dass Erzherzog Leopold V. im Jahre 1628 mit seinem Gefolge hier vorbeikam und beim Anblick des Kreuzes so angetan war, dass er sofort nach einem Priester verlangte, um zu beichten. Er beschloss, für das wundertätige Kreuz eine Kapelle zu bauen.*

Die Weihe dieses Christoph Gumpp zugeschriebenen Kirchleins, erfolgte im Jahre 1666. Das Portal zieren die Wappen Leopolds und seiner Frau Claudia von Medici. Der oktogonale Grundriss ist sehr klar ausgeprägt. Beim Betreten des Seekirchleins ist man sogleich vom „ehrwürdigen“ Kreuz, welches sich am Rokoko-Hochaltar von 1768 befindet und aus dem 16. Jahrhundert stammt, gefangen genommen. Die weit ausgebreiteten Arme des Gekreuzigten drücken Vergeben aus.

Das Haubendach mit Laterne und der kleine Zwiebelturm geben dem Seekirchlein, dem Wahrzeichen von Seefeld, eine prägende Note.

Isar

Zahlreiche Bänke rund um das Kirchlein laden zur Rast ein.
Regelmäßige Gottesdienste: Von Juni bis Okt. Fr 18.00 Uhr.
Kontaktadresse: Pfarramt Seefeld, 05212/23190

Wir befinden uns nun schon fast im Zentrum von Seefeld, das von der zweiten Seefelder Gnadenstätte, der gotischen

Die Tourismusmetropole Seefeld hat zwei historische Gnadenstätten aufzuweisen: das berühmte Seekirchlein – links im Bild –, welches dem hl. Kreuz geweiht ist, und die Pfarrkirche mit der Heilig-Blut-Kapelle.

Pfarrkirche mit der Heilig-Blut-Kapelle, überragt wird. Die wenigen hundert Meter bis zur Wallfahrtsstätte legen wir bereits größtenteils in der Seefelder Fußgängerzone zurück.

*In der **Seefelder Pfarrkirche** soll sich eines der bekanntesten Eucharistiewunder Mitteleuropas zugetragen haben. Die Legende berichtet uns, dass am 25. März 1384 der gewalttätige Ritter Oswald Milser, Herr von Seefeld, sich bei der Osterkommunion nicht mit der normalen Hostie begnügen wollte, sondern die Priesterhostie verlangte. Unter Androhung von Waffengewalt gab der Kaplan nach und reichte ihm die große Hostie. In dem Augenblick, als seine Zunge die Hostie berührte, gab der Boden unter den Füßen des Frevlers nach. Mit seinen Händen versuchte er, am Altar Halt zu finden. Erst als der Priester ihm die Hostie von der Zunge nahm, bekam Oswald Milser wieder festen Boden unter seinen Füßen. Die Hostie aber war blutig gefärbt. Sie ist heute noch unversehrt erhalten und wird in einer eigens dafür angefertigten Monstranz aufbewahrt. Die Abdrücke von Oswald Milser sind noch zu sehen, und zwar der Abdruck der Hand am Rande der Altarplatte und die Vertiefung vor dem Altar, in der er versank.*
Im 16. Jahrhundert ließ der Tiroler Landesfürst Erzherzog

Das Hostienwunder von Seefeld, dargestellt von Jörg Kölderer um 1500 auf einer Tafel, die in der Seefelder Pfarrkirche hängt.

Ferdinand II. an die Pfarrkirche eine Kapelle anbauen. In dieser so genannten Blutskapelle fand die Monstranz mit der Wunderhostie einen würdigen Platz. Heute befindet sich die Monstranz allerdings nicht mehr in der Blutskapelle. Das Wunder von Seefeld wurde u. a. vom hl. Petrus Canisius, einem gelehrten Jesuiten, für echt befunden. In den noch vorhandenen Mirakelbüchern wird von zahlreichen Wundern und Gebetserhörungen berichtet.

Die Pfarrkirche von Seefeld ist dem hl. Oswald geweiht und gilt als eines der bedeutendsten gotischen Bauwerke Nordtirols. Hervorzuheben ist das Tympanon des Hauptportales, in dem das Hostienwunder und die Enthauptung des Kirchenpatrons St. Oswald dargestellt werden. Im Inneren beeindrucken das engmaschige Netzrippengewölbe und der neugotische Flügelaltar aus dem Jahre 1880 mit den spätgotischen Figuren. Einen sehr schönen Blickfang bildet der Taufstein mit spätgotischen Ornamenten und dem Renaissancedeckel.

Gebet vor der Wunderhostie jeden 25. des Monats um 19.00 Uhr in der Heilig-Blut-Kapelle. – Kirchweihfest am Jahrestag des Hostienwunders (25. März).
Regelmäßige Gottesdienste: Sa 18.00 Uhr; So 9.00, 10.00 und im Winter 19.30 Uhr; in der Heilig-Blut-Kapelle jeweils Do 18.00 Uhr; Rosenkranz 17.30 Uhr.
Kontaktadresse: Pfarramt Seefeld, 05212/23190

„Radlerwallfahrt“ durchs Karwendel

Scharnitz – Karwendelhaus – Johannestal – Hinterriss 24

Das altehrwürdige „Klösterle“ in der Hinterriss erstrahlt seit kurzem wieder in neuem Glanz und möchte Kinder- und Jugendgruppen Herberge bieten, Priestern und Ordensleuten als Urlaubsdomizil dienen sowie ein Ort der Besinnung für stressgeplagte Menschen sein. Der Seelsorger des kleinen Karwendeldörfchens, Bernhard Sirch, hat sich einiges einfallen lassen und lädt zu Wallfahrtsgottesdiensten für Radfahrer ein. Wir erreichen die Wallfahrtskirche Mariä Heimsuchung in der Hinterriss auf einer Wanderung durch eine der schönsten Gebirgslandschaften Tirols, den Alpenpark Karwendel.

Tourencharakter: Breite Wanderwege und alpine Steige
Gehzeit: rund 10 Std.; Scharnitz – Karwendelhaus 5 Std.; Karwendelhaus – Hinterriss 4½ Std.; Übernachtung im Karwendelhaus (Tel.: 05213/5623) und in Hinterriss möglich.
Höhenunterschied: ↑ 807 m; ↓ 843 m
Beste Jahreszeit: Hochsommer bis Herbst
Ausgangspunkt: Parkplatz „Karwendeltäler“ in Scharnitz; von der Hauptstraße bei der Kirche ostwärts (beschildert).
Rückkehr: Muss vor der Tour geplant werden. Kein Busverkehr!
Variante: Die Karwendelroute gilt als eine der schönsten Bergradtouren Tirols und wird von zahlreichen Mountainbikern befahren. Scharnitz – Karwendeltal – Hinterriss – Vorderriss – Walgau – Mittenwald – Scharnitz: 77 km.
Einkehr unterwegs: Karwendelhaus, Gasthof Post in Hinterriss
Auskunft: Tourismusverband Vomp, 05242/62616
Karten: Österr. Karte Nr. 117 „Zirl“ u. 118 „Innsbruck“, 1 : 50.000 od. Kompaß Wanderkarte Nr. 26 „Karwendelgebirge“, 1 : 50.000

Ausgangspunkt unserer langen Wanderung ist der Parkplatz „Karwendeltäler“ in Scharnitz. Wir wandern wenige Gehminuten taleinwärts bis zu den letzten Häusern und folgen dort dem Schild „Karwendelhaus“ nach links oben. Auf dem breiten Almweg gewinnen wir rasch an Höhe, tauchen in den Wald ein und überwinden bald diese erste Steilstufe unserer Wanderung. Am Fuße der mächtigen Abhänge der Karwendelkette schlängelt sich unser Wanderweg hoch über dem Karwendelbach den Almböden entgegen. Nach rund 2½ Std. Gehzeit lassen wir die Larchetalm rechts liegen und wandern in mäßiger Steigung Richtung Angeralm weiter. In vielen Kehren überwinden wir den steilen Anstieg zum Hochalmsattel, wo wir über einen Wandersteig das Karwendelhaus (1771 m) erreichen. Zum Greifen nahe ragt das Hochalmkreuz über uns in den Himmel und wir genießen das herrliche Panorama. Wenige Gehminuten nach dem Hochalmsattel zweigt links der Steig mit der AV-Markierung 201 durch den Filzwald ab. (Der Radfahrer verbleibt aber auf dem grobschottrigen Radweg Richtung Ahornboden.) Beim Hermann-von-Barth-Denkmal, das zur Erinnerung an den Erschließer des Karwendels auf dem Kleinen Ahornboden errichtet wurde, führen beide Wege wieder zusammen.

Lohnender Abstecher zum Großen Ahornboden.

Von hier aus wählen wir den bequemen breiten Wanderweg durchs Johannestal, und nach einigen Kehren geht es in einem steten Auf und Ab talauswärts. Das Johannestal mit seinen Ahornen und Buchen versprüht besonders im Herbst einen besonderen Charme.
Nach rund 1½ Std. Gehzeit ab dem Kleinen Ahornboden zweigt links beschildert mit „Hinterriss" der Wandersteig Nr. 231 ab. Der Radfahrer allerdings verbleibt auf unserem Wanderweg Richtung Risstal, um vom dortigen Parkplatz aus auf der Straße talauswärts nach rund 4 km nach Hinterriss zu gelangen. Der alpine Steig überwindet zahlreiche

Die Wallfahrtskirche Mariä Heimsuchung im Risstal, umgeben von den Kalkriesen des Karwendels.

Hangabbrüche und führt über recht abenteuerliche Bachübergänge Richtung Risstal, wo er in einen breiten Weg mündet und uns in einer knappen Stunde Gehzeit nach Hinterriss leitet. Die letzten Meter zur Wallfahrtsstätte wandern wir auf der Straße.

Die neu renovierte ***Wallfahrtskirche Mariä Heimsuchung*** *in der Vomper Fraktion Hinterriss wurde um die Mitte des 18. Jh. von München-Freising aus erbaut, war und ist sie doch von Tirol aus nur auf Steigen durchs Karwendelgebirge zu erreichen. Die Fassade mit dem Fresko „Maria als Beschützerin von Hinterriss" wird vom Türmchen mit geschindelter Zwiebelhaube überragt. Am neuromanischen Hochaltar steht das Gnadenbild „Maria mit dem Kinde" aus dem 17. Jh. Östlich an die Kirche angeschlossen ist das so genannte Klösterle, das ehemalige Pfarrwidum.*

Wallfahrten am 15. August: um 8.00 Uhr hl. Messe für Wallgau und um 10.00 Uhr für Vomp. – Jeweils am 2. So von Juni bis Sept. Wallfahrermesse um 14.00 Uhr für Motorradfahrer, Radfahrer und Oldtimer mit Segnung der Fahrzeuge.
Kontaktadresse: Pfarramt Achenkirch, 05246/6238

25 Telfs-St. Moritzen – Untermieming – Locherboden

Am Pfingstsamstag des Jahres 2000 erfolgt in Telfs die Grundsteinlegung der Wallfahrtskirche zum Heiligen Geist im Ortsteil Schlichtling. Innerhalb von rund zwei Jahren Bauzeit wird auf einer Anhöhe westlich des Marktes ein Pastoralzentrum entstehen, das über einen Besinnungsweg mit der Wallfahrtskirche Maria Locherboden verbunden sein wird. Auf dem Weg nach Locherboden werden den Wallfahrer die 15 Stationen zum freudenreichen, schmerzhaften und glorreichen Rosenkranz begleiten. Vorbei an den 7 Stationen der Gaben des Heiligen Geistes führt der Wallfahrerweg dann wieder zurück nach Telfs.

Tourencharakter: Angenehme Wanderung auf breiten Forst- und Flurwegen mit mäßiger Steigung abseits des Verkehrs.
Gehzeit: rund 3 Std.
Höhenunterschied: 166 m
Beste Jahreszeit: Frühjahr bis zum Spätherbst
Ausgangspunkt: Obermarkt in Telfs. Vom Bahnhof Telfs/Pfaffenhofen auf einem Fußweg (rund 10 min) erreichbar; von der Annakapelle gegenüber dem Inntal-Center nach Westen.
Rückkehr: Auf demselben Weg oder mit dem Bus von Obermieming bzw. mit dem Zug von Stams aus.
Variante: Start bei der St.-Georgs-Kirche in Obermieming und von dort nach Untermieming; die Wanderung verkürzt sich dadurch ungefähr um zwei Drittel.
Einkehr unterwegs: Gasthof Neuwirt in Untermieming, Erlebnisrasthof Locherboden, mehrere Möglichkeiten in Telfs.
Auskunft: TVB Telfs, 05262/62245 und Mieming, 05264/5274
Karten: Österr. Karte Nr. 116 „Telfs“, 1 : 50.000 oder Kompaß Wanderkarte Nr. 35 „Imst – Telfs – Kühtai“, 1 : 50.000

Wir wandern vom Telfer Obermarkt durch die Weißenbachgasse zum Kalvarienberg in Moritzen. Auf diesem alten Pilgerweg sind noch einige von ursprünglich vermutlich zwölf Kapellenbildstöcken erhalten.

„Freundlich durch Lage und Aussicht“, schreibt Beda Weber im frühen 19. Jahrhundert, „steht westlich vom Dorfe Telfs die Wallfahrtskirche St. Moritz, früher dem Pestfriedhof geweiht, jetzt dem Kalvarienberg zur Zier und Pilgerlust.“ Am

Weithin sichtbar ist der in die buckelige Flurlandschaft eingebettete malerische Baukomplex des Kalvarienberges (rechts) und der Kirche (links) von St. Moritzen.

Fuße des Moritzener Kalvarienberges befindet sich die ***Kapelle zur Schmerzhaften Muttergottes****. Am einfachen barocken Säulenaltar wird das Gnadenbild, die mit sieben Schwertern durchbohrte Mater dolorosa (18. Jh.) verehrt.*
Von dieser Kapelle führt linker Hand ein überdachter Stiegenaufgang zur offenen ***Kreuzkapelle*** *am Scheitelpunkt des* ***Kalvarienberges****. Im halbkuppelförmigen Bau mit Vorhalle finden wir eine geschnitzte Kreuzigungsgruppe; die Fresken (Anfang 19. Jh.) stellen den Ausblick auf Jerusalem bzw. in der Kuppel Gottvater zwischen den Engeln dar.*

Jeden Fastensonntag um 14.30 Uhr Kreuzwegandacht. – Karfreitagsprozession um 14.00 Uhr mit Kreuzwegandacht (Ausgangspunkt: Annakapelle beim Schwimmbad). – Prozession zur Übertragung der Moritzener Gnadenmuttergottes in die Pfarrkirche Telfs am 2. So im Sept. um 18.30 Uhr (Ausgangspunkt: St. Moritzen). – 3. So im Sept. feierliche Ortsprozession mit der Moritzener Gnadenmuttergottes (Ausgangspunkt: Pfarrkirche Telfs). – Lichterprozession zur Rückführung der Gnadenmutter nach St. Moritzen am Rosenkranzsonntag um 19.30 Uhr (Ausgangspunkt: Pfarrkirche Telfs).
Kontaktadresse: Dekanatspfarramt Telfs, 05262/62265

Nachdem wir die wenigen Meter vom Kalvarienberg zur Kirche von St. Moritzen zurückgelegt haben, biegen wir nach rechts in einen schattigen Waldweg ein, der uns in ei-

nem weiten Bogen am Rande einer prächtigen Flurlandschaft zur St.-Wendelin-Kapelle bringt, wo der Besinnungsweg von der Heilig-Geist-Kirche in Telfs zur Wallfahrtsstätte Maria Locherboden seinen Ausgang nehmen wird.
Nahe der Kapelle zweigen wir bei einem mächtigen Wegkreuz scharf nach links in den Forstweg nach Fiecht ab. Vorbei an einer Waldkapelle queren wir den Weg, der direkt von St. Moritzen heraufführt. Bei der nächsten Wegkreuzung (nach links zweigt der Weg zum Fiechter Köpfl bzw. Achberg ab) behalten wir die Richtung nach Fiecht bei und können zwischen dem geschotterten Forstweg oder dem parallel dazu führenden Waldweg wählen, die sich bald wieder vereinigen. Wir bleiben nun längere Zeit auf diesem Forstweg, um dann später nochmals eine Abkürzung über einen Waldweg zu nehmen (blau markiert, Nummer 9 gelb). Waldweg und Forstweg führen auch in diesem Falle wieder zusammen, und schließlich mündet unser Weg in jenen, der von der Mieminger Bundesstraße aus nach Fiecht verläuft. An der Weggabelung Fiechter Köpfl bzw. Fiecht/Untermieming zweigen wir nach rechts ab. Wenig später werden wir nach links Richtung Fiecht/Untermieming verwiesen. Wir wandern weiter Richtung Fiecht, wobei wir zwischen zwei asphaltierten Wegen wählen können. Der obere (rechte) ist etwas kürzer und stößt im Ortszentrum auf die von Untermieming heraufführende Asphaltstraße, in die wir nach rechts einbiegen. Von wunderschönen Fluren umgeben, gehen wir bis Untermieming kontinuierlich bergab. Beim „Gasthaus Neuwirt" zweigen wir nach links ab und folgen, vorerst noch durch den Untermieminger Dorfkern, dem Weg nach Maria Locherboden. An der kleinen Brücke, die uns über den Lehnbach führt, können wir zwischen zwei Wegen wählen. Entweder wir zweigen vor dieser Brücke nach links Richtung Mühlhof ab und begeben uns auf den Weg Nr. 4 (siehe Tour 27) oder wir behalten die Richtung bei und wandern vorbei am Mieminger Badesee über Zein nach **Maria Locherboden**.
Zur Wallfahrtskirche Locherboden siehe Tour 27

Rietz – St. Antonius

26

Dem heiligen Antonius von Padua sind in Tirol mehrere Kirchen geweiht. Die größte davon befindet sich in Rietz, weithin sichtbar und prächtig renoviert. Über einen mäßig steilen Waldweg gehen wir von der Pfarrkirche zur Antoniuskirche hinauf und können von dort weiter zum Kalvarienberg gelangen.

Tourencharakter: Unschwieriger Waldpfad, am Rande bzw. durch einen Fichtenwald.
Gehzeit: 30 min, als Rundwanderung 50 min
Höhenunterschied: ↑133 (bis zum Kalvarienberg)
Beste Jahreszeit: Frühjahr bis zum Spätherbst
Ausgangspunkt: Rietzer Pfarrkirche; Parkplätze vorhanden
Rückkehr: denselben Weg oder Rundwanderung durchs Dorf. Für die Rückkehr zur Pfarrkirche bieten sich mehrere Wege an.
Einkehr: Mehrere Möglichkeiten, z. B. GH Dorferwirt; donnerstags und freitags Bauernjause beim „Beeren Mair".
Auskunft: TVB Telfs und Umgebung, 05262/62900, 62245
Karten: Österr. Karte Nr. 116 „Telfs", 1 : 50.000 oder Kompaß Wanderkarte Nr. 35 „Imst – Telfs – Kühtai", 1 : 50.000

Wir beginnen unsere Wanderung am Parkplatz der Rietzer Pfarrkirche, die am ostseitigen Rand des Dorfes liegt (Hinweisschild „Antoniussteig"). Bereits nach zwanzig Metern müssen wir nach links zwischen zwei Zäunen in den nach oben führenden Weg einbiegen. Dieser trifft nach wenigen Metern auf einen querenden Waldweg, den wir nach rechts einschlagen. Es geht kurz flach dahin, ehe uns der Weg am Waldrand entlang zu einer Lichtung erneut bergauf führt. Von dieser Stelle aus können wir die Antoniuskirche und den Kalvarienberg bereits sehr schön sehen.
Am südlichen Endpunkt dieser Lichtung nimmt die Steigung etwas zu, der Pfad ist an dieser Stelle durch in den Boden getriebene Bohlenbretter stufenförmig angelegt, und wenige Höhenmeter später gelangen wir an einen kleinen Platz im Wald, wo wir in einem ausgehöhlten Baumstamm eine geschnitzte Marienstatue entdecken. An dieser vorbei bringen wir die letzte Serpentine hinter uns, öffnen ein Weidegatter und begeben uns rechts auf einen

Forstweg. Ungefähr 100 Meter danach erblicken wir die Antoniuskirche mit dem schmucken Widum nebenan und sind somit an unserem Ziel angelangt.

Die ***Antoniuskirche zu Rietz*** *ist auf Grund ihrer Lage weithin sichtbar. Es gibt wenige Wallfahrtskirchen bzw. -kapellen, die derart eindrucksvoll von Bergen – in diesem Fall dem Rietzer Grieskogel – überhöht werden. Diese Kirche geht auf die Privatinitiative des Rietzers Peter Grasmayr zurück, der sie im Jahre 1676 auf seine Kosten errichten ließ. Rund hundert Jahre später wurde die Kirche im Rokokostil neu gebaut und wenig später zu Ehren der Unbefleckten Empfängnis Mariens und des heiligen Antonius von Padua geweiht.*

Zwischen Haselnussstauden und einem alten Zaun wandern wir zur Antoniuskirche empor.

Das Äußere dieser größten Antoniuskirche des Landes wird vom talseitig gelegenen Kirchturm mit schlichter Zwiebelhaube und aufgesetzter Laterne geprägt. Der Hochaltar aus dem 19. Jahrhundert mit der Madonnenstatue, die beiden Seitenaltäre, von denen der rechte dem hl. Antonius geweiht ist, die zweigeschossige Empore, diverse Stuckierungen, die Kanzel und die farbenfrohen Fresken runden den harmonischen Eindruck des Bauwerkes im Inneren ab. Beachtenswert ist auch die Votivtafelsammlung in zwei Mauernischen im rückwärtigen Teil der Kirche.

Der Kalvarienberg befindet sich südlich oberhalb der Antoniuskirche. Wir betreten diesen Weg bei der Gedenk-

Sängerwallfahrt und Familienwallfahrt im Sommer. – Antoniusfest am 13. Juni. – Passionssingen in der Fastenzeit. – Adventsingen. – Die Antoniuskirche ist eine beliebte Hochzeitskirche.
Regelmäßige Gottesdienste: Di u. Sa um 19.00 Uhr
Kontaktadresse: Pfarramt Rietz, 05262/63062

Die Rietzer Antoniuskirche vor dem schneebedeckten Rietzer Grieskogel.

stätte für die Gefallenen, die sich unmittelbar an die Umfriedungsmauer der Kirche anschließt. Serpentinenförmig zieht sich der Weg, an dessen Beginn die offene Ölbergkapelle liegt, die rund zwanzig Höhenmeter nach oben. Der Weg endet auf der Hügelkuppe bei der offenen Kalvarienkapelle, in deren Nische wir eine lebensgroße, vielfigurige Kreuzigungsgruppe aus dem 17. Jahrhundert sehen. Die Kreuzwegstationen, die Heiliggrabkapelle und die Marienkapelle ergänzen das Gesamtbild des Kalvarienberges.
Nachdem wir die herrliche Aussicht auf den im Westen gelegenen Tschirgant, auf die Wallfahrtskirche Maria Locherboden, auf die gesamte Mieminger Kette, auf die Fluren im Inntal und auf die Heilig-Kreuz-Kirche in Rietz genossen haben, empfiehlt es sich, die Tour als Rundwanderung zu beschließen. Wir gehen auf der als „Wegscheide" benannten Straße relativ steil bergab. Bei der Wegkennzeichnung „Höhenweg" zweigen wir nach rechts ab und folgen diesem Weg unterhalb der Antoniuskirche bis zu unserem Ausgangspunkt, der Rietzer Pfarrkirche.

Zwei Tiroler Wahrzeichen

27 *Rundwanderung Stams – Locherboden*

Beide Gnadenstätten, das mächtige Zisterzienserstift Stams und die Wallfahrtskirche Maria Locherboden mit ihrer markanten Lage hoch über dem Inntal, sind ein unverzichtbarer Teil der Tiroler Kulturlandschaft, gleichsam zwei Wahrzeichen, die weit über die Grenzen unserer Heimat hinaus bekannt sind.

Tourencharakter: Zunächst kurz durch den Ort Stams, auf einer Hängebrücke über den Inn, dann auf gutem Steig bergauf, anschließend den Höhenrücken des Sassberges entlang; auf dem Rückweg kontinuierlich bergab.
Gehzeit: 2–3 Std.
Höhenunterschied: 218 m
Beste Jahreszeit: vom Frühjahr bis zum Spätherbst
Ausgangspunkt: Stift Stams; großer Parkplatz vorhanden
Variante: direkter Steig Nr. 3 von der Hängebrücke nach Locherboden, Weg um ⅓ kürzer.
Mötz – Locherboden: Von der Pfarrkirche rund 150 m auf der Zubringerstraße zur Umfahrungsstraße (Entergasse), dann (Wegweiser) nach rechts Richtung Locherboden. An einigen Häusern vorbei zur Unterquerung der Mötzer Umfahrungsstraße. Danach beginnt der Waldpfad mit dem Kreuzweg. In Kehren bergauf bis zur 11. Kreuzwegstation. Die letzten Meter auf dem von links heraufführenden Asphaltweg.
Einkehr unterwegs: Kiosk im Stift und Erlebnisrasthof Locherboden unterhalb der Wallfahrtskirche beim Parkplatz.
Auskunft: TVB Stams, 05263/6748 od. Mötz, 05263/6443, 6757
Karten: Österr. Karte Nr. 116 „Telfs“, 1 : 50.000 oder Kompaß Wanderkarte Nr. 35 „Imst – Telfs – Kühtai“, 1 : 50.000

Die monumentale Anlage des barocken ***Zisterzienserstiftes Stams*** *prägt das Bild des gleichnamigen Dorfes unter dem Pirchkogel. Das Stift steht in enger Beziehung zur Geschichte unseres Landes, wurden doch von Meinhard II. bis Sigmund dem Münzreichen die Tiroler Landesfürsten hier beigesetzt. Als Pilgerziel ist Stams heute weniger im Bewusstsein der Bevölkerung verankert, doch in der Vergangenheit haben hier gleich drei verehrte Gegenstände bzw. heilige Personen einander abgelöst. Schon vor der Klostergründung im Jahre 1273 zog eine Reliquie des hl. Johannes des Täufers Pilger von nah*

Zisterzienser-Stiftskirche Stams: Der Lebensbaum am Hochaltar mit 84 Figuren und Büsten und der Verherrlichung Mariens als zentrales Thema zählt zu den besonderen Leistungen des Frühbarock und wurde 1609-13 von Bartlmä Steinle geschaffen.

und fern an. Meinhard II. hat sich als Ort für sein Kloster also einen alten Wallfahrtsort ausgesucht. Im „Liber miraculorum", dem ältesten Mirakelbuch Österreichs, hat einer der Gründermönche von Stams, der spätere Abt Rudolph, die Gebetserhörungen von 1273 bis 1289 aufgeschrieben. Die Reliquie kam um 1500 nach Hall, die gotische steinerne Gnadenstatue des hl. Johannes steht heute auf dem Altar der Stamser Pfarrkirche.

Nach einer ebenfalls viel verehrten Zacharias-Reliquie erhielt das Stift um 1300 eine Heilig-Blut-Reliquie, für die 1306 eine eigene Kapelle errichtet wurde. In dieser Kapelle, die südwestlich an die Stiftskirche anschließt und in ihrer heutigen barocken Form von Georg Anton Gumpp gestaltet wurde, wurde schließlich 1757 eine Kopie des Bildes „Maria vom Guten Rat" aufgestellt. Gleichzeitig wurde eine Bruderschaft „Maria vom Guten Rat" gegründet, und fortan galt die Verehrung der Pilger in Stams vor allem diesem Bild bzw. der Muttergottes. In der Heilig-Blut-Kapelle hat jener Ritter Oswald Milser seine Grabstätte gefunden, der für die Entstehung der Seefelder Wallfahrt bedeutsam war (siehe Tour 23). Die Freskendarstellungen zu seinem Leben oberhalb der Eingangstür ließen die Bezeichnung Milser-Kapelle aufkommen.

Vereinzelte Buswallfahrten. Während der Sommermonate stündlich Führungen. – Konventmesse in den Sommermonaten unter der Woche um 7.00 Uhr.
Kontaktadresse: Stift Stams, 05263/6242

Der Weg von Mötz herauf ist der älteste Pilgerweg nach Maria Locherboden.

Vom Kloster Stams aus wandern wir zur Bundesstraße hinunter, überqueren diese im Kreuzungsbereich und gehen noch rund 500 Meter auf einem asphaltierten Fahrweg bis zum Parkplatz „Hängebrücke“ weiter. Anschließend unterqueren wir die Autobahn und überschreiten auf der Hängebrücke den Inn. Auf der nördlichen Innseite zweigen wir sogleich nach links ab und gehen auf dem Weg Nummer 2 Richtung Untermieming geradeaus. Wir ziehen die erste Serpentine hinauf und kommen an einem Druckstollenrohr vorbei. An dieser Stelle verflacht sich der Weg ein wenig und zum ersten Mal öffnet sich der Blick auf den Inn und das Stift Stams, das uns direkt gegenüberliegt. Der Weg ist in diesem Bereich durch einen Stahlseilzaun gesichert. In den folgenden kurzen Serpentinen gewinnen wir rasch an Höhe und befinden uns wenig später am Rande einer Lichtung, die durch einen Weidezaun und eine Wegkapelle vom Wald getrennt ist. Wir gehen weiter Richtung Untermieming/Mühlhof bergauf, bis wir bei der nächstfolgenden Weggabelung scharf nach links Richtung Locherboden auf den Weg Nummer 4 abzweigen. Wenige hundert Meter verbleiben wir auf diesem Forstweg geradeaus, um anschließend erneut nach links in einen Waldpfad einzubiegen, d. h. wir umkreisen gleichsam die zuvor begangene Lichtung. Dieser Waldweg bringt uns ziemlich parallel oberhalb des Inns auf eine bewaldete Höhenkuppe, die mit rund 850 m den höchsten Punkt unserer Wanderung entlang des Sassberges darstellt. Hier stehen wir in einer Falllinie mit dem Kloster Stams und können erneut schöne Tiefblicke auf den Inn bzw. auf die von uns überquerte Innbrücke genießen. Wir folgen dem Weg Nummer 4, bis wir auf den von Untermieming und Zein kommenden Weg mit der Nummer 1

Die malerische Lage steil oberhalb des Inns mit der mächtigen Mieminger Kette im Rücken macht Maria Locherboden zu einem der bekanntesten Pilgerziele Tirols.

stoßen. Wir biegen nach links ein und legen die wenigen hundert Meter bis Locherboden zurück.

Markant wie ein Wahrzeichen steht die ***Wallfahrtskirche Maria Locherboden*** *weithin sichtbar auf dem Höhenrücken des Sassberges. Die „Mieminger Kette" im Hintergrund bildet eine würdige Umrahmung für diese Wallfahrtsstätte, deren Ursprung in die erste Hälfte des 18. Jahrhunderts zurückreicht. Die Legende überliefert, dass ein Bergknappe aus Dankbarkeit für die Errettung aus Bergnot am Eingang zum Stollen – der heutigen Gnadenkapelle – ein Marienbild anbrachte. Wind und Wetter beschädigten das Bild, sodass man sich 1860 entschloss, ein neues anzufertigen, nämlich eine Kopie des allseits bekannten und beliebten Mariahilf-Bildes von Lukas Cranach. Bereits bevor das neue Gnadenbild aufgestellt wurde, baute man den Eingang der Höhle zu einer Grotte um. Die Berühmtheit der Wallfahrtskirche am Locherboden rührt allerdings von einer anderen Begebenheit her, nämlich der wundersamen Heilung der Maria Kalb. Dieses Mädchen hatte 1871 von der Muttergottes den Auftrag erhalten, sie im*

Oberinntal zu suchen und dort den Rosenkranz zu beten. Nach mehrfachem Suchen und Befragen gelangte sie zur Einsicht, dass die Muttergottes nur am Locherboden zu finden sein könne. Die kranke Maria Kalb war offensichtlich nicht mehr in der Lage, ohne fremde Hilfe zur Grotte von Locherboden zu gelangen, sodass sie von ihrem Bruder, zumindest das letzte Wegstück, getragen werden musste. Die Kranke wurde in der Grotte auf zwei Kissen gelegt, wo sie den Rosenkranz der sieben Schmerzen betete. Maria Kalb gesundete und konnte bereits den Rückweg nach Mötz ohne fremde Hilfe antreten. Sie war von ihrem Leiden tatsächlich geheilt. Die Wallfahrt auf den Locherboden blühte auf, und 1901 wurde die vom heimischen Baumeister Heinrich Hörmann errichtete neugotische Kirche eingeweiht.

Im Kircheninneren wirkt das durch die Glasmalereifenster gedämpfte Licht sehr angenehm. Die ornamentalen und figürlichen Malereien in der gesamten Kirche geben einen würdigen Rahmen für den kunstvoll geschnitzten Hochaltar mit dem Gnadenbild. Das Votivbild der Maria Kalb befindet sich unter der Empore.

Organisierte Wallfahrten: Nachtwallfahrten von Mai bis Okt. jeden 11. des Monats mit Lichterprozession und hl. Messe um 20.00 Uhr. (Ausgangspunkt: Parkplatz oberhalb Mötz an der Landesstraße Mötz – Mieming.) – Patrozinium am 24. Mai.
Regelmäßige Gottesdienste: Sonn- und Feiertage 11.00 und 15.00 Uhr (Sommerzeit oder ab Ostern bis 1. Nov.); Montag 9.30 Uhr (Ostern bis Weihnachten).
Kontaktadresse: Pfarramt Mötz, 05263/6289

Der Ausgangspunkt für den Rückweg liegt an jenem Gatter, welches wir beim Hinweg vor dem großen Platz unterhalb der Gnadenkapelle durchschritten haben. Der Weg Nr. 3 bringt uns direkt nach Stams zurück. 200 Meter vor der Innbrücke mündet er in den Weg Nr. 2.